ATLANTE STRADALE

 Road Atlas Atlas Routier Auto Atlas

ITALIA

POCKET

GW00721794

QUADRO D'UNIONE - SEGNI CONVENZIONALI

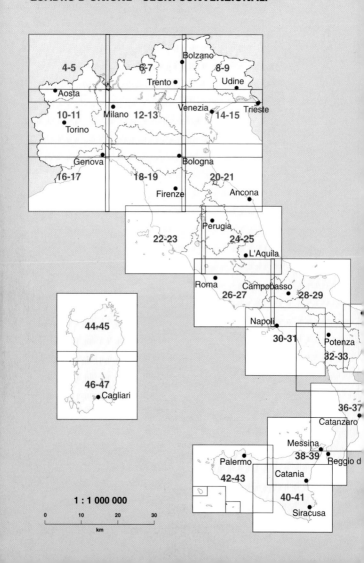

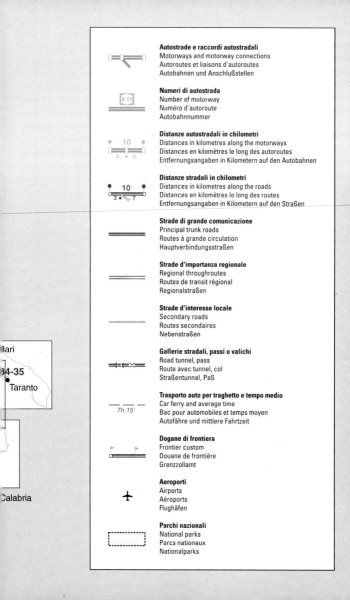

Autostrade e raccordi autostradali
Motorways and motorway connections
Autoroutes et liaisons d'autoroutes
Autobahnen und Anschlußstellen

Numeri di autostrada
Number of motorway
Numéro d'autoroute
Autobahnnummer

Distanze autostradali in chilometri
Distances in kilometres along the motorways
Distances en kilomètres le long des autoroutes
Entfernungsangaben in Kilometern auf den Autobahnen

Distanze stradali in chilometri
Distances in kilometres along the roads
Distances en kilomètres le long des routes
Entfernungsangaben in Kilometern auf den Straßen

Strade di grande comunicazione
Principal trunk roads
Routes à grande circulation
Hauptverbindungsstraßen

Strade d'importanza regionale
Regional throughroutes
Routes de transit régional
Regionalstraßen

Strade d'interesse locale
Secondary roads
Routes secondaires
Nebenstraßen

Gallerie stradali, passi o valichi
Road tunnel, pass
Route avec tunnel, col
Straßentunnel, Paß

Trasporto auto per traghetto e tempo medio
Car ferry and average time
Bac pour automobiles et temps moyen
Autofähre und mittlere Fahrtzeit

Dogane di frontiera
Frontier custom
Douane de frontière
Grenzzollamt

Aeroporti
Airports
Aéroports
Flughäfen

Parchi nazionali
National parks
Parcs nationaux
Nationalparks

Bari
84-35
Taranto

Calabria

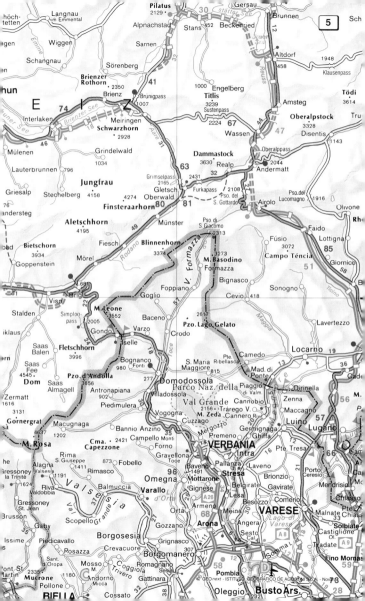

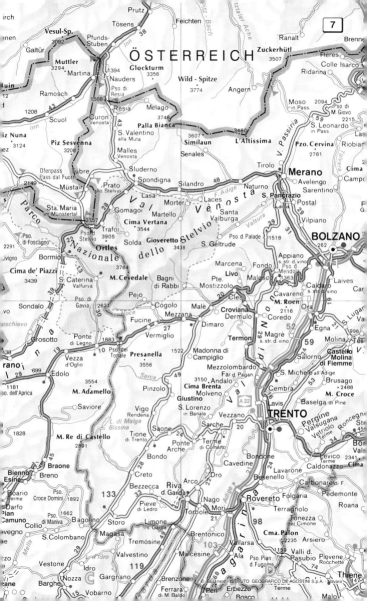

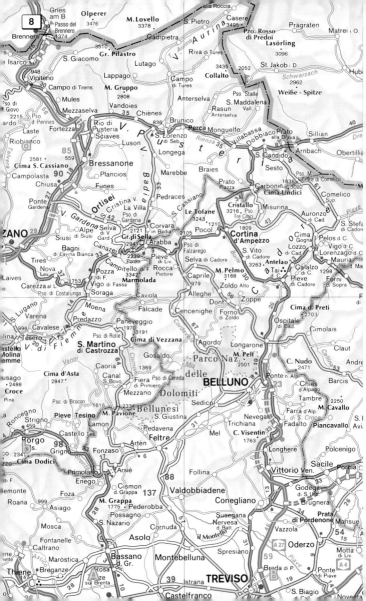

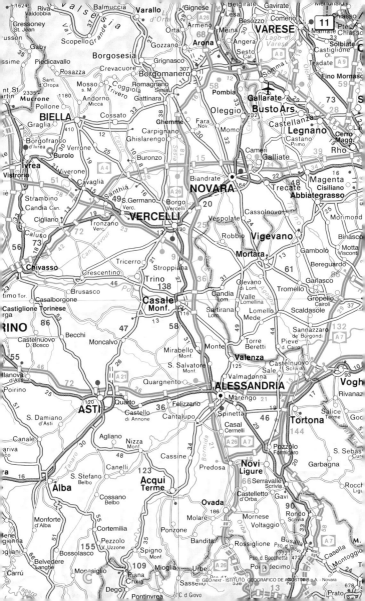

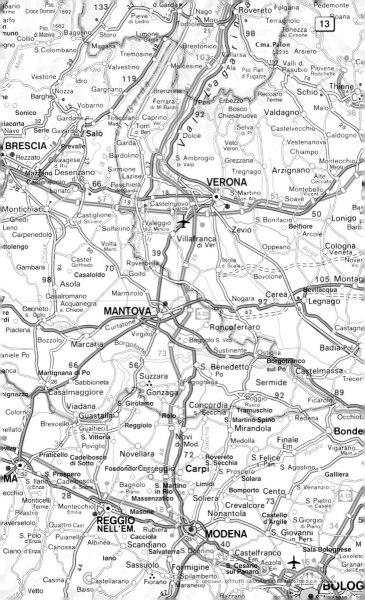

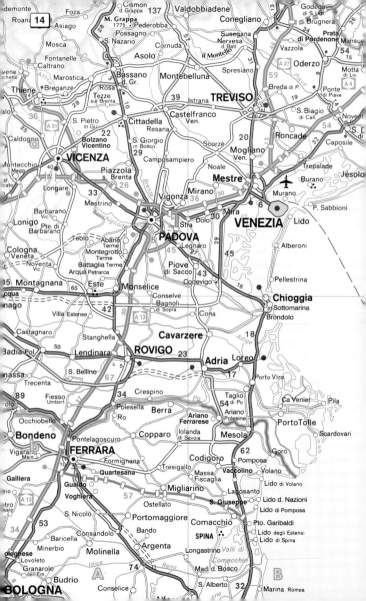

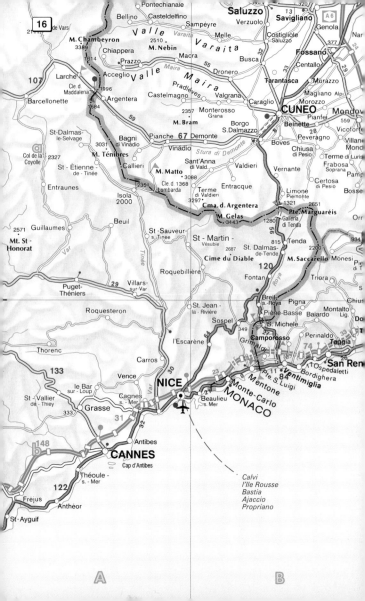

Cossano
Belbo

Ovada

Castelletto
d'Orba

Gavi

17

le

Monforte
d'Alba

Molare

186

Mornese

Ronco
Scrivia

90

Cortemilia

Ponzone

Voltaggio

Pso. d. Giovi

Busalla

Bene
Vagienna

Pezzolo
(V. Uzzone)

Bandita

Rossiglione

772

Casella

Dogliani

Bossolasco

Spigno
Mont.

A 26

Urbe

Pso. d. Bocchetta
472

Montog...

Carrú

Belvedere
Langhe

Monesiglio

109

Piana
Crixia

Mioglia

Pso. d'Turchino
538

Pontedecimo

A 7

678

Monesiglio

Dego

Sassello

Prato

Ceva

Pontinvrea

C. d. Giovo
516

13

101
S. Michele
Mond.

155

328

S. Giovanni

Alb. Mar.

32

46

Voltri

Us

Castelnuovo
di Ceva

Cengio
Cosseria

Ferrania

Arenzano
Cogoleto

Pegli

Sestri Pon.

Nervi

Bagnasco
Roburent

Piano

Caleare

Altare

Varazze

Sampierdarena

GENOVA

Recco
Camo...

Pallare

Quiliano

Celle Ligure

Quarto d. Mille

Osiglia

SAVONA

S.Margh...

Calizzano

Caragna

Bormida

Albissola Marina

Ponente

Bgo. Ponte

Garessio

C. di Melogno

Orco
Feglino

Vado Ligure

Bergeggi

G o l f o

d i   *G e n o v a*

1028 Tovo

957

S. Giacomo

Spotorno

Noli

C.S.
Bernardo

Borgio Verezzi

C. di Noli
Varigotti

Toirano

Pietra Ligure

di Nava

Martinetto

61

Finale Ligure

Loano

Cisano
sul Neva

Borghetto S. Spirito

Ortovero

Ceriale

Bastia

Colle
S. Bartolomeo
620

Leca

70

Bardineto

Garlenda

Albenga

Testico

Villa Talla

Alassio

I.Gallinara

Laigueglia

A 10

Andora

Bastia
Barcelona
Túnis

Porto Torres
Olbia
Arbatax
Cagliari
Palermo

zorio

C. Mele

Diano Marina

IMPERIA

Oneglia
Porto Maurizio

S.
Lorenzo
al Mare

R i v i e r a   *d i*

M A R

L I G U R E

Ⓒ

Ⓓ

M A R

A D R I A T I C O

era

MINI
Miramare

Riccione

Cattolica
San   Gabicce Mare
Clemente

Gradara
Tavullia   **PESARO**
ondaino
Montelabbate   **Fano**
orgo
ssano   Montecchio   Carignano
    Terme   **61**
Mombaroccio   **Saltara**   S. Costanzo
Petriano
Montefelcino   Calcinelli   Mondolfo
URBINO   Fossombrone   **75**   **Senigallia**
40   **Monterado**
ano   Calmazzo   Corinaldo
    Castelleone   Pianello   Montemarciano   Rocca Priora
    di Suasa   Ostra Chiaravalle   Falconara
Cartoceto   S. Lorenzo   **Barbara**   Marit.
Acqualagna   in Campo   Belvedere   **Monte**   **ANCONA**
    265   Ostrense   **San Vito**
Pergola   Agugliano   Aspio
                Terme
Cantiano   Arcevia   **535**   **Iesi**   S. Maria Nuova   **Camerano**   Sirolo
Isola   Montecarotto   Serra   **Osimo**   **46**   Numana
Fossara   S. Quirico   Cupramontana   Castelfidardo
386   **Sassoferrato**   Loreto   Pto. Recanati
Scheggia   **143**   Apiro   Filottrano   **Recanati**
102   Montefano   **293**
Sigillo   **325**   Cingoli
      Albacina   **631**   Potenza
                 Morrovalle   Picena

Split
Durrës
Kérkira
Pátrai
Igoumenítsa

© GEOnext - ISTITUTO GEOGRAFICO DE AGOSTINI S.p.A. - Novara

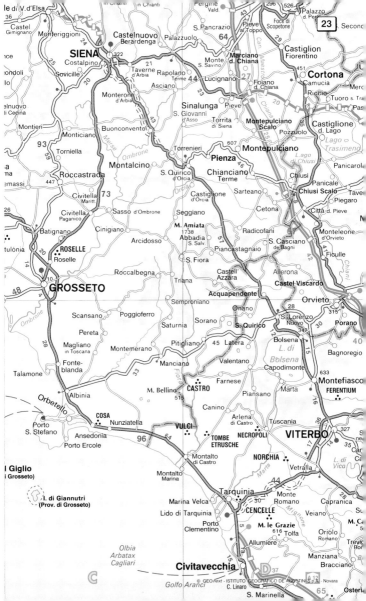

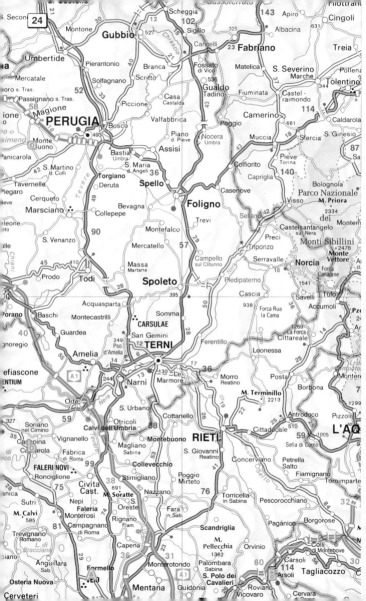

Recanati

Montefano

Montefano 28 293

Potenza
Picena

Morrovalle 311

MACERATA
27

Civitanova
Marche

M.te S. Giusto

Porto S. Elpidio

Corridonia
Montegranaro

Urbisaglia Monte Urano

Mogliano
d'Ete

Francavilla
d'Ete

Pto. S. Giorgio

Fermo
47

Montegiorgio

Tenna

Falerone

Servigliano

Monterubbiano

Petritoli

Aso

Pedaso

Carassai
Ripatransone

Cupra Marittima

Amandola **Force**
Rotella

**Montalto
d. Marche**
147

Comunanza

Offida
Acquaviva
Picena

Grottammare

S. Benedetto
del Tronto

**ASCOLI
PICENO** S. Antonio
Spinètoli 28

Pto. d'Ascoli

Tronto

Alba Adriatica

Ancarano

Tortoreto Lido

153

S. Egidio
alla Vibrata

S. Omero

Giulianova

Acquasanta
Terme

Civitella
d. Tronto

CAMPOVALANO

Campli

Bellante

Paranesi

TERAMO

Roseto
degli Abruzzi

di Sevo
Parco Nazionale

Tordino

Notaresco

M. Gorzano 2455

Villa
Vomano

Vomano

Pineto

Montorio
al Vomano

69

Campotosto

Tossicia

Bisenti

Atri

Città
S. Angelo

Silvi Marina

Split

del Gran Sasso

Isola
del Gr. Sasso d'It.

103

Collecorvino

Montesilvano

Corno Gr. 2914

Castelli

Penne 438

Pso 2572
Capannelle

Gran Sasso d'Italia
Campo Imperatore

Loreto
Aprutino

A14

PESCARA

43

Assergi

e Monti della Laga

S. Stefano
di Sessanio

Cepagatti

Ripa 26
Teatina

Tollo

Francavilla al Mare

21

Ortona

ILA

S.
Gregorio

Castel
del Monte

Civitella
Casanova

Catignano

A25

Brecciarola

CHIETI
330

Bucchianico

S. Vito Chie

40

PELTUINUM

S. Demetrio
ne Vest

**S. Pio
d. Camere**
58

Capestrano

Alanno

62 38

Manoppello

Fossa

A24

Rocca
di Cambio 1434

Fontecchio

48

Navelli
**Bussi
sul Tirino**

Tocco
da Casauria

Pacentro

**S.
Valentino
in Abr. Citeriore**

Orsogna 283

Lanciano

Mozzagrogna

Castel
Frentano

velino Ovindoli

Rocca
di Mezzo

Aterno

M. Sirente 2349

Molina
Aterno

250

Popoli

Parco Guardiagrele

S. Eufemia
a Maiella

8

Casalbo

iano
Marsi

A25 825

Celano

Corfinio

Caramanico
Terme

M a i e l l a

Casoli

Atessa

1120 57

84

**Pratola
Peligna**

M. Amaro 2795

Lama
d. Peligni

pelle

Avezzano
Piana del Fucino

Forca Caruso

Sulmona

Pescina

Anversa

Pacentro

Campo

Tornareccio

Montenerodomo

Gissi

GEOnext - ISTITUTO GEOGRAFICO DE AGOSTINI S.p.A. - Novara

MAR
ADRIATICO

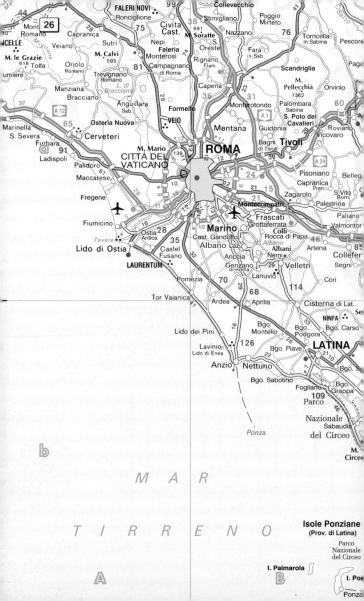

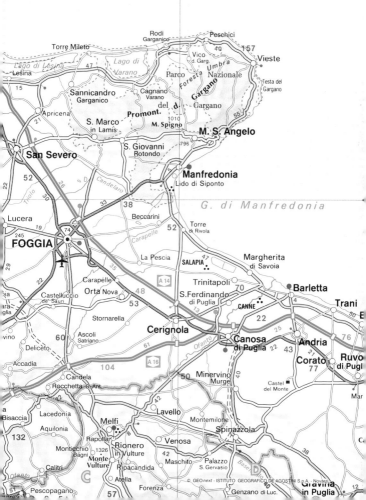

Parco Nazionale
delle Isole Tremiti
(Prov. di Foggia)

I. Pianosa
I. Capraia
I. San Nicola
I. San Nicola
I. San Dómino

MAR
ADRIATICO

Parco Nazionale
del Gargano

Isole Tremiti

Torre Mileto
Rodi
Garganico
Peschici
Vieste
40
157
Lago di Lesina
Lago di
Varano
Vico
d. Garg.
Umbra
Lesina
Parco
Foresta
Nazionale
15
Sannicandro
Garganico
Cagnano
Varano
del
Gargano
Testa del
Gargano
Apricena
Promont.
55
S. Marco
in Lamis
1010
M. Spigno
M. S. Angelo
21
S. Giovanni
Rotondo
796
San Severo
52
Manfredonia
Lido di Siponto
22
Candelaro
26
30
G. di Manfredonia
Lucera
33
38
Beccarini
245
19
52
Torre
di Rivola
Carapelle
FOGGIA
74
35
La Pescia
SALAPIA
47
Margherita
di Savoia
29
22
Carapelle
Orta Nova
48
A 14
Trinitapoli
70
Barletta
Castelluccio
de' Sauri
53
S.Ferdinando
di Puglia
CANNE
Trani
50
glia
Stornarella
13
22
4
E
vino
Ascoli
Satriano
Cerignola
Canosa
di Puglia
Andria
76
Delicelo
60
61
Ofanto
22
43
Corato
77
Accadia
104
A 16
Minervino
Murge
Ruvo
di Pugl
Candela
50
40
Mar
Rocchetta S. Ant.
Castel
del Monte
a
42
Lavello
Biscaccia
Lacedonia
Montemilone
Spinazzola
132
Aquilonia
Melfi
Venosa
21
38
Monticchio
Bagni
Rapolla
1326
Rionero
in Vulture
42
Maschito
Palazzo
S. Gervasio
D
Calitri
Monte
Vulture
Ripacandida
Atella
Forenza
Gravina
in Puglia
Pescopagano
Atella
C
Genzano di Luc.
12
51
57
© GEOnext - ISTITUTO GEOGRAFICO DE AGOSTINI S.p.A. - Novara

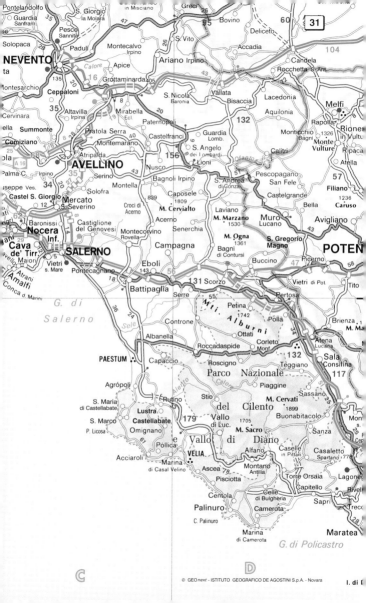

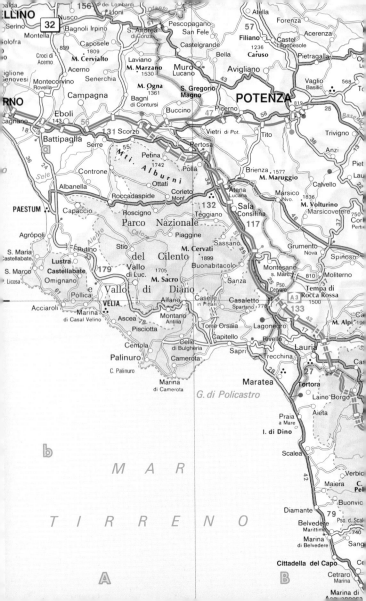

MAR

ADRIATICO

tri
Terme di
Torre Canne
Villanova
Marina di Ostuni
no   **Ostuni**   Tre. Sabina
60
Céglie   Carovigno
Messápica
S. Vito
de' Norm.
S. Michele Salentino
Francavilla **69**   Mesagne
Fontana
50
ottaglie   Oria   S. Pietro
Vernotico
Latiano   **40**   Casa l'Abate
38
S. Donaci   **Torchiarolo**
S. Marzano   Torre   **Squinzano**
di S. Gius.   S. Susanna   S. Pancrazio
Salent.   Campi   Trepuzzi
Sava   50   Salent.   **12**   S. Cataldo
iano   **86**   Guagnano   Salice Salent.
Lizzano   **Mandúria**   Carmiano   **LECCE**
Avetrana   Cavallino
Maruggio   51   Veglie   Lizzanello
Leverano   Monteroni
di Lecce   Lequile   Vérnole
Porto   Copertino   Calimera   **84**
Cesareo   **143**   **Zollino**
Soleto   Martano
4   **Melpignano**   Bagnolo
di Salent.   **Otranto**
Nardó   Galatina   Aradeo   **Sogliano Cavour**   **17**
Galatone   S. Maria   Cutrofiano   **Máglie**   Capo
al Bagno   Sannicola   d'Otranto
Collepasso   Scorrano   Poggiardo
Gallípoli   **Tuglie**   **Botrugno**   Sta.
Alezio   Parábita   Nociglia   **67**   Diso   Cesárea
Matino   Supersano   Montesano   Terme
Casarano   Salent.   Castro
Taviano   **Melissano**   Ruffano   Marina
Rácale   Taurisano   **Tricase**
Alliste   48   Ugento   Alessano
Presicce
strignano
del Capo   **Marina**
o   © GEOnext - ISTITUTO GEOGRAFICO DE AGOSTINI S.p.A. - Novara   Pta.   C. Sta. Maria
Ristola   di Leuca

✈ **BRINDISI**

Kérkira
Igoumenítsa
Pátrai

Corigliano
Calabro
Rossano
Calopezzati
Cropalati
Cariati
Pta. Alice
M. Paléparto
1480
Pietrapaola
Longobucco
Campana
Ciró Marina
Bocchigliero
Parco Naz.
Umbriatico
Ciró
uardia
della
Fossiata
Calabria
77
Savelli
Pallagorio
51
Silvana
Mansio
Castelsilano
Melissa
Sila
S. Giovanni
in Fiore
Zinga
Strongoli
Casabona
Lorica
Poverella
54
Rocca
di Neto
uro
Parco Naz.
della Calabria
Cotronei
S. Severina
Neto
M. Femmina morta
1723
Petilia
Pol.
Villaggio
Mancuso
Scandale
CROTONE
Taverna
S. Pietro
Magisano
Mesoraca
Petronà
Sersale
Cutro
SANT.
HERA LACINIA
Zagarise
Cropani
65
Isola
d. Capo Rizzuto
Tiriolo
Soveria Simeri
Botricello
Siano
CATANZARO
Le Castella
C. Rizzuto
37
12
Sellia Marina
Cortale
Borgia
Catanzaro
Marina
Squillace
Copanello
Golfo di
Montauro
Gasperina
Soverato
Squillace
Cardinale
bario
ola
Isca Marina
Marina di Badolato
M A R
S. Caterina d. Ionio
so. di
ra Spada
Guardavalle
I O N I O
Stilo
Monasterace
Marina
Caulonia
Roccella Ionica
rina di Gioiosa Ionica
no

I. S

MAR

Drauto

I. Filicudi

I. Salina

M. d. Porri
860 · · S. Marina
Salina

I. Alicudi

Filicudi
Porto

Quattropani · 602
M. Chirica

Alicudi
Porto

I. Lipari · Lipari

Isol

Porto
di Levante · 500
M. Ária

I. Vulcano

C. Calavà   Ca

Gioiosa
Marea   141

C. d'Orlando

Capo d'Orlando · Brolo   46   TINDA

Patti   8

Rocca   Naso

S. Agata
di Militello   A 20   S. Piero
Patti

Cefalú   S. Stéfano   56   Ucria   Montalba
Elicona

Finale   di Camastra   S. Fratello   Alcara   Tortorici
li Fusi

llesano   Castelbuono   950   Mistretta   Floresta

M. Soro
1847   Moio Alcantara

M.
Castelli
1567   Randazzo   Pe
pi

Cle. d. Contrasto   Capizzi   Cesarò   29   754   Linguag
1107

Petralia   94   55   Maletto   Piedi
Polizzi Sottana   Gangi   38   Cerami   Bronte   M. Etna
Gen.   Troina   3323

1333   714
M. Zimmara   Nicosia

Gagliano
Castelferrato   Zaffera
Etne

65   Alimena   Regalbuto   Adrano   Biancavilla   Trecasta

Villadoro   S. Maria
di Licodia   San
Giovan
la Pun

Portella   832   Villapriolo   Leonforte   Agira   Centuripe   Paterno   Belpasso
i Recattivo   Villarosa   Calascibetta   Assoro   89   Catenanuova   279

S. Caterina   30   ENNA   84   Castel   A 19   Sferr   Misterbianco
Villarmosa   15   34   di Iúdica   94   36

ataldo   CALTANISSETTA   Valguarnera   530   Raddusa
Caropepe

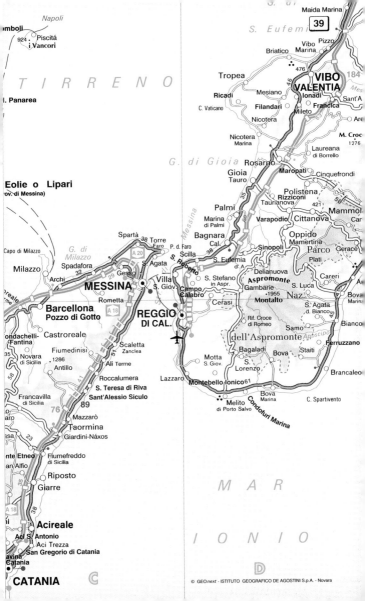

Randazzo
Cesarò
pisciaro
Mazzarò
Taormina
Giardini-Náxos
Maletto
754
Linguaglossa
23
Piedimonte Etneo
San Alfio
Fiumefreddo
di Sicilia
oina
Bronte
M. Etna
3323
Riposto
Giarre
egalbuto
Adrano
Biancavilla
Zafferana
Etnea
A 18
S. Maria
di Licodia
Trecastagni
Acireale
Centuripe
San
Giovanni
la Punta
Aci S. Antonio
Paternò
Belpasso
Aci Trezza
San Gregorio di Catania
279
Gravina
di Catania
tel
dica
A 19
Sferro
Misterbianco
34
CATANIA
36
10
Simeto
MAR
Dittaino
G. di Catania
acca
57
IONIO
Palagonia
Scordia
70
Militello
in Val di C.
Lentini
Carlentini
Villasmundo
Augusta
Francofonte
63
59
MEGARA
G. di Augusta
Melilli
icodia
Eubea
Vizzini
35
Bucheri
Sortino
57
Priolo Gargallo
Solarino
Belvedere
Monterosso
Almo
Buscemi
Palazzolo
Acreide
78
Floridia
SIRACUSA
Giarratana
Canicattini
Bagni
77
Chiaramonte
Gulfi
42
C. Murro
di Porco
9
RAGUSA
497
31
Cassibile
12
Noto
159
Avola
Módica
72
Rosolini
Calabernardo
20
Scicli
40
70
Ispica
G. di Noto
ta
Sampieri
Pozzallo
Pachino
C. Passero
Portopalo
C. I. d. Correnti
Malta
C
D
© GEOnext - ISTITUTO GEOGRAFICO DE AGOSTINI S.p.A. - Novara

42

MAR

G. d

Castellan

c

I. di Ustica
(Prov. di Palermo)

Ustica

Palermo

Gaeta
Cagliari

Capo S. Vito S. Vito
lo Capo

Castelluzzo

Tonnara di
Scopello

Custonaci

Bales

Erice

38

I. Lévanzo

TRAPANI

Castellammare
del Golfo

I. Maréttimo

Lévanzo

Fulgatore

SEGESTA

30

Is. Égadi
(Prov. di Trapani)

Paceco

13

32

12

Maréttimo

14

44

A 29 dir

350

Favignana

40

Calatafimi

I. Favignana

11

MOZIA

Salemi

62

Vita

F. Fred

Marsala

Addolorata

38

53

Gibelli

S. Ninfa

Strasatti

26

Part

Tûnis

42

Castelvetrano

18

S. Marc
di B

21

A 29

37

Mazara
d. Vallo

Campobello
di Mazara

Me

Pantelleria

Marinella **SELINUNT**

C. Granitola

A

B

a

Trapani
Marsala

Pantelleria

b

I. di Linosa

Khamma

Linosa

Porto
Empedocle

Scauri

b

I. Pantelleria
(Prov. di Trapani)

Isole   Pelagie
(Prov. di Agrigento)

I. di Lampione

I. di Lampedusa

Lampedusa

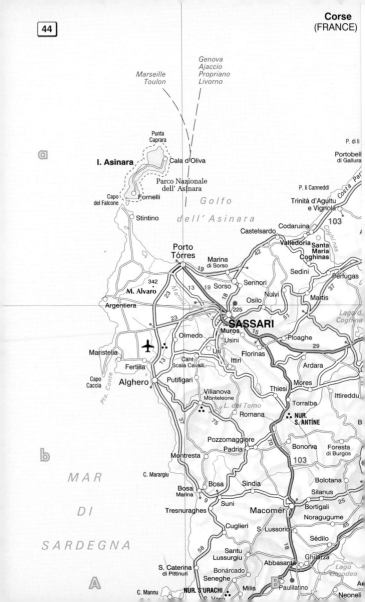

Corse
(FRANCE)

Marseille
Toulon

Genova
Ajaccio
Propriano
Livorno

Punta
Caprara

I. Asinara

Cala d'Oliva

Parco Nazionale
dell' Asinara

P. di li

Portobell
di Gallura

Costa Par

Capo
del Falcone

Fornelli

Trinità d'Agultu
e Vignola

P. li Canneddi

Stintino

Golfo

dell' Asinara

Codaruina

103

Castelsardo

Valledoria

Santa
Maria
Coghinas

Coghinas

Porto
Tórres

Marina
di Sorso

Sedini

Perfugas

19

Sorso

Sennori

37

19

342

M. Alvaro

13

Nulvi

Osilo

Martis

Lago d.
Coghina

Argentiera

23

225

51

23

SASSARI

Olmedo

Muros

15

Ploaghe

Maristella

Usini

Florinas

29

Uri

Ittiri

Ardara

Fertilia

Cant.
Scala Cavalli

13

Mores

Capo
Caccia

Putifigari

Thiesi

Ittireddu

Alghero

Villanova
Monteleone

31

L. del Temo

Torralba

B

75

Romana

NUR.
S. ANTÍNE

Pto. Conte

Pozzomaggiore

Bonorva

Foresta
di Burgos

Padria

103

Montresta

MAR

C. Marargiu

Bolotana

DI

Bosa
Marina

Sindia

Silanus

25

9

Suni

Bortigali

SARDEGNA

Tresnuraghes

Macomér

Noragugume

45

Cuglieri

S. Lussorio

58

Sédilo

Santu
Lussurgiu

18

S. Caterina
di Pittinuri

Abbasanta

Ghilarza

Lago
Omodeo

Bonárcado

Seneghe

Paulilatino

A

B

C. Mannu

NUR. S'URACHI

Milis

Neoneli

Nannu

Mannu

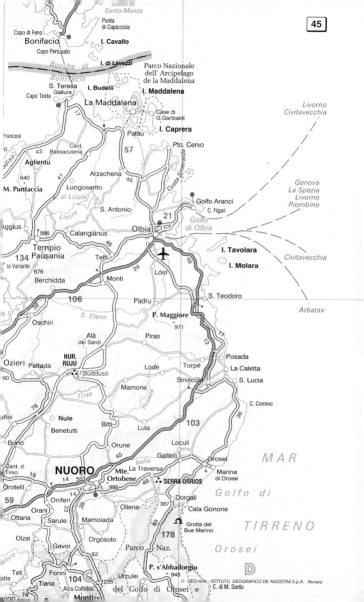

Golfo di Santa-Manza

Capo di Feno
Bonifacio
Punta di Capicciola
Capo Pertusato
I. Cavallo

Bocche di Bonifacio
I. di Lavezzi

Parco Nazionale dell' Arcipelago de la Maddalena

S. Teresa Gallura
I. Budelli
I. Maddalena

Capo Testa
La Maddalena
Case di G.Garibaldi
I. Caprera

Francesi
Palau

Cant. Bassacutena
Pto. Cervo

Aglientu
43
Arzachena
Costa Smeralda

640
Luogosanto
40
Golfo Aranci
C. Figari

M. Puntaccia
di Liscia
41

Aggius
S. Antonio
Olbia
Golfo di Olbia

566
Calangiánus
Liscia
21

Livorno
Civitavecchia

Genova
La Spezia
Livorno
Piombino

Tempio Pausania
57

134
Telti
I. Tavolara

la Variante
676
46
Lóiri
I. Molara

Berchidda
24
Monti

Civitavecchia

106
Padru
S. Teodoro

Oschiri
S. Elena
P. Maggiore
971

Arbatax

Alà dei Sardi
Piras
17

Ozieri Pattada
12

NUR. RUJU
Lodè
Posada

90
Buddusó
Torpè
La Caletta
Siniscola
S. Lucia

76
Tirso
Mamone

C. Comino

Iltei
Nule
Bitti
Lula
103

Bono
Benetutti

Posada
36

Orune
45
Loculi
C. Comino

Orotelli
NUORO
14 553
Mte. Ortobene
995
La Traversa
Galtelli
Orosei

MAR

59
Oniferi
40
SERRA-ORRIOS
Marina di Orosei

Orani
33
Oliena
387
Dorgali
Golfo di

Ottana
Sarule
Mamoiada
Cala Gonone

Olzai
Gavoi
Orgósolo
65
178
Grotta del Bue Marino
TIRRENO

Teti
Parco Naz.
Orosei

Fonni
104
P. s'Abbadorgiu
943
D

Tiana
Arcu Correboi
235
Urzulei
C. di M. Santu
© GEOnext - ISTITUTO GEOGRAFICO DE AGOSTINI S.p.A. - Novara

74
Montim
del Golfo di Orosei e

INDICE DEI NOMI

Avvertenze per la ricerca

L'indice elenca in ordine alfabetico internazionale i nomi dei centri abitati del territorio italiano seguiti dal numero di pagina e dalle lettere indicanti il riquadro in cui sono rintracciabili. Per semplicità i toponimi contenuti in due pagine affiancate sono riferiti alla pagina di numero pari.
Tutti i nomi sono seguiti dalla sigla indicante la Provincia di appartenenza.

Sigle presenti nell'indice

AG	Agrigento	CZ	Catanzaro	NO	Novara	SI	Siena
AL	Alessandria	EN	Enna	NU	Nuoro	SO	Sondrio
AN	Ancona	FC	Forlì-Cesena	OR	Oristano	SP	La Spezia
AO	Aosta	FE	Ferrara	PA	Palermo	SR	Siracusa
AP	Ascoli Piceno	FG	Foggia	PC	Piacenza	SS	Sassari
AQ	L'Aquila	FI	Firenze	PD	Padova	SV	Savona
AR	Arezzo	FR	Frosinone	PE	Pescara	TA	Taranto
AT	Asti	GE	Genova	PG	Perugia	TE	Teramo
AV	Avellino	GO	Gorizia	PI	Pisa	TN	Trento
BA	Bari	GR	Grosseto	PN	Pordenone	TO	Torino
BG	Bergamo	IM	Imperia	PO	Prato	TP	Trapani
BI	Biella	IS	Isernia	PR	Parma	TR	Terni
BL	Belluno	KR	Crotone	PT	Pistoia	TS	Trieste
BN	Benevento	LC	Lecco	PU	Pesaro	TV	Treviso
BO	Bologna	LE	Lecce		e Urbino	UD	Udine
BR	Brindisi	LI	Livorno	PV	Pavia	VA	Varese
BS	Brescia	LO	Lodi	PZ	Potenza	VB	Verbano-
BZ	Bolzano	LT	Latina	RA	Ravenna		Cusio-Ossola
CA	Cagliari	LU	Lucca	RC	Reggio	VC	Vercelli
CB	Campobasso	MC	Macerata		di Calabria	VE	Venezia
CE	Caserta	ME	Messina	RE	Reggio	VI	Vicenza
CH	Chieti	MI	Milano		nell'Emilia	VR	Verona
CL	Caltanissetta	MN	Mantova	RG	Ragusa	VT	Viterbo
CN	Cuneo	MO	Modena	RI	Rieti	VV	Vibo Valentia
CO	Como	MS	Massa-	RN	Rimini		
CR	Cremona		Carrara	RO	Rovigo	RSM	San Marino
CS	Cosenza	MT	Matera	ROMA		SCV	Città del
CT	Catania	NA	Napoli	SA	Salerno		Vaticano

A

Ábano Terme [PD] 14 Aa
Abbadia San Salvatore [SI] 22 Da
Abbasanta [OR] 46 Ba
Abbiategrasso [MI] 10 Da
Abetone [PT] 18 Ca
Acate [RG] 40 Bb
Accadia [FG] 28 Cb
Acceglio [CN] 16 Aa
Accettura [MT] 32 Ca
Acciaroli [SA] 30 Cb
Accùmoli [RI] 24 Bb
Acerenza [PZ] 32 Ba
Acerno [SA] 30 Ca
Acerra [NA] 30 Ba
Aci Castello [CT] 40 Ca
Acireale [CT] 38 Cb
Aci Sant'António [CT] 38 Cb
Aci Trezza [CT] 40 Ca
Acquacadda [CA] 46 Bb
Acqualagna [PU] 20 Cb
Acquanegra sul Chiese [MN] 12 Cb

Acquapendente [VT] 22 Da
Acquasanta Terme [AP] 24 Ca
Acquasparta [TR] 24 Ab
Acquaviva Collecroce [CB] 28 ABa
Acquaviva delle Fonti [BA] 34 ABa
Acquaviva Picena [AP] 24 Ca
Acqui Terme [AL] 10 Cb
Acri [CS] 36 Ba
Addolorata [TP] 42 Ba
Adélfia [BA] 34 Ba
Adrano [CT] 38 Bb
Adria [RO] 14 Bb
Afragola [NA] 30 Ba
Agazzano [PC] 12 Ab
Agerola [NA] 30 BCa
Aggius [SS] 44 Ca
Agira [EN] 38 Bb
Agliano [AT] 10 Cb
Agliè [TO] 10 Ba
Aglientu [SS] 44 Ca
Agnano [NA] 30 Ba
Agnone [IS] 28 Aa
Agordo [BL] 8 Bb

Agrigento [AG] 42 Db
Agropoli [SA] 30 Cb
Aguglıano [AN] 20 Db
Aidone [EN] 40 Ba
Aiello Calabro [CS] 36 Ba
Aieta [CS] 32 Bb
Airasca [TO] 10 Bb
Ala [TN] 12 Da
Alà dei Sardi [SS] 44 Cb
Ala di Stura [TO] 10 Ba
Alagna Valsesia [VC] 4 Cb
Alanno [PE] 24 Db
Alassio [SV] 16 Ca
Alatri [FR] 26 Ca
Alba [CN] 10 Cb
Alba Adriática [TE] 24 CDa
Albacina [AN] 24 Ba
Albanella [SA] 30 CDb
Albano Laziale [ROMA] 26 Ba
Albenga [SV] 16 Ca
Alberobello [BA] 34 Ba
Alberona [FG] 28 Bb
Alberoni [VE] 14 Ba
Albidona [CS] 32 Cb
Albinéa [RE] 12 Cb
Albinia [GR] 22 Cb

Albisola Marina [SV] 16 Da
Alcamo [TP] 42 BCa
Alcara li Fusi [ME] 38 Bb
Áles [OR] 46 Ba
Alessandria [AL] 10 Db
Alessandria della Rocca [AG] 42 Cb
Alessano [LE] 34 Db
Alézio [LE] 34 Db
Alfano [SA] 30 Db
Alfedena [AQ] 26 Da
Alfonsine [RA] 20 Ba
Alghero [SS] 44 Ab
Alia [PA] 42 Da
Alicudi Porto [ME] 38 Aa
Alife [CE] 28 Ab
Alimena [CL] 38 Ab
Alì Terme [ME] 38 Cb
Allèghe [BL] 8 Ba
Allerona [TR] 22 Da
Alliste [LE] 34 Db
Alumiere [ROMA] 22 Db
Almese [TO] 10 Ba
Alpe di Siusi / Seiser Alpe [BZ] 8 Aa
Alseno [PC] 12 Bb

Altamura [BA] 32 Ca
Altavilla Irpina [AV] 30 Ca
Alte Ceccato [VI] 12 Da
Altilia [CS] 36 Ba
Altopáscio [LU] 18 Cb
Alvito [FR] 26 Da
Alzate Brianza [CO] 6 Ab
Amalfi [SA] 30 Ca
Amándola [AP] 24 Ca
Amantea [CS] 36 Ba
Amatrice [RI] 24 Db
Ameglia [SP] 18 Ba
Amélia [TR] 24 Db
Amendolara [CS] 32 Cb
Amorosi [BN] 28 Ab
Ampezzo [UD] 8 Ca
Anacapri [NA] 30 Bb
Anagni [FR] 26 Ca
Ancarano [TE] 24 Cb
Ancona [AN] 20 Db
Ándalo [TN] 6 Cb
Andora [SV] 16 Cab
Andorno Micca [BI] 10 Ca
Andreis [PN] 8 BCb
Andria [BA] 28 Db
Angera [VA] 4 Db
Anghiari [AR] 20 Bb
Angri [SA] 30 BCa
Anguillara Sábázia [ROMA]
26 Aa
Annone Véneto [VE] 8 Db
Ansedonia [GR] 22 Cb
Antegnate [BG] 12 Ba
Anterselva di Mezzo /
Antholz–Mittertal [BZ]
8 Ba
Antey–Saint–André [AO]
4 Bb
Antholz–Mittertal / Anterselva
di Mezzo [BZ] 8 Ba
Antillo [ME] 38 Cb
Antródoco [RI] 24 Db
Antronapiana [VB] 4 Cb
Anversa degli Abruzzi [AQ]
26 Da
Anzi [PZ] 32 Ba
Ánzio [ROMA] 26 Bb
Anzola dell'Emília [BO] 18 Da
Aosta / Aoste [AO] 4 Bb
Aoste / Aosta [AO] 4 Bb
Apécchio [PU] 20 Bb
Apice [BN] 28 Bb
Ápiro [MC] 20 Cb
Appiano sulla Strada del Vino
/ Eppan an der
Weinstrasse [BZ] 6 Da
Aprica [SO] 6 Bb
Apricena [FG] 28 Ca
Aprigliano [CS] 36 Ba
Apríglia [LT] 26 Bab
Áquila, L'– [AQ] 24 Db
Aquiléia [UD] 8 Db
Aquilónia [AV] 30 Da
Arabba [BL] 8 Aa
Aradeo [LE] 34 Db
Aragona [AG] 42 Db
Árbatax [NU] 46 Da
Arboréa [OR] 46 Ba
Arbus [CA] 46 Ba
Arce [FR] 26 Cab
Arcene [BG] 12 Ba
Arcévia [AN] 20 Cb
Archi [ME] 38 Ca
Arcidosso [GR] 22 Ca

Arco [TN] 6 Db
Árcole [VR] 12 Da
Árdara [SS] 44 Bb
Ardéa [ROMA] 26 Ba
Ardore Marina [RC] 36 Bb
Arena [VV] 36 Bb
Arenzano [GE] 16 Da
Arezzo [AR] 20 Ab
Argegno [CO] 6 Ab
Argenta [FE] 14 Ab
Argentera [CN] 16 Aa
Argentiera [SS] 44 Aa
Ariano Ferrarese [FE] 14 ABb
Ariano Irpino [AV] 28 Bb
Ariano nel Polesine [RO]
14 Bb
Aríccia [ROMA] 26 Ba
Aritzo [NU] 46 Ca
Arlena di Castro [VT] 22 Db
Arma di Taggia [IM] 16 Bb
Armeno [NO] 4 Db
Arona [NO] 4 Db
Arosio [CO] 6 Ab
Árpino [FR] 26 Ca
Arquá Petrarca [PD] 14 Aa
Arquata del Tronto [AP]
24 Ba
Arsiè [BL] 8 Ab
Ársiero [VI] 6 Db
Ársoli [ROMA] 26 Ba
Arta Terme [UD] 8 Ca
Arten [BL] 8 Ab
Artena [ROMA] 26 Ba
Arzachena [SS] 44 Ca
Arzignano [VI] 12 Da
Ascea [SA] 30 Db
Asciano [SI] 22 Ca
Áscoli Piceno [AP] 24 Ca
Áscoli Satriano [FG]
28 Cb
Asiago [VI] 8 Ab
Asola [MN] 12 Ca
Ásolo [TV] 8 Ab
Áspio Terme [AN] 20 Db
Assémini [CA] 46 Bb
Assergi [AQ] 24 Cb
Assisi [PG] 24 Aa
Asso [CO] 6 Ab
Assoro [EN] 38 Ab
Asta [RE] 18 Ca
Astfeld / Campolasta [BZ]
8 Aa
Asti [AT] 10 Cb
Ateleta [AQ] 26 Da
Atella [PZ] 32 Ba
Átena Lucana [SA] 30 Db
Atessa [CH] 28 Aa
Atina [FR] 26 Da
Atrani [SA] 30 Ca
Atri [TE] 24 Db
Atripalda [AV] 30 Ca
Atzara [NU] 46 Ca
Auditore [PU] 20 Bb
Augusta [SR] 40 Da
Áulla [MS] 18 Ba
Aurisina [TS] 14 Da
Auronzo di Cadore [BL] 8 Ba
Áustis [NU] 46 Ca
Avelengo / Hafling [BZ] 6 Da
Avella [AV] 30 Ca
Avellino [AV] 30 Ca
Avenza [MS] 18 Ba
Aversa [CE] 30 Ba
Avetrana [TA] 34 Cb

Avezzano [AQ] 26 Ca
Aviano [PN] 8 Bb
Avigliana [TO] 10 Bb
Avigliano [PZ] 32 Ba
Avola [SR] 40 Cb
Azzano Decimo [PN] 8 Cb

B

Baceno [VB] 4 Cb
Bácoli [NA] 30 Ba
Badia Polesine [RO] 14 Ab
Badia Pozzoveri [LU] 18 Cb
Badia Pratáglia [AR] 20 Ab
Badía Tedalda [AR] 20 Bb
Bagaladi [RC] 38 Db
Bagheria [PA] 42 Ca
Bagnacavallo [RA] 20 Aa
Bagnara Calabra [RC] 38 Da
Bagnasco [CN] 16 Ca
Bagni del Másino [SO] 6 Bb
Bagni di Contursi [SA] 30 Da
Bagni di Lavina Bianca /
Weisslahnbad [BZ] 8 Aa
Bagni di Lucca [LU] 18 Cb
Bagni di Lusnizza [UD] 8 Ca
Bagni di Rabbi [TN] 6 CDa
Bagni di Tívoli [ROMA] 26 Ba
Bagni di Vinadio [CN] 16 Aa
Bagno a Ripóli [FI] 18 Db
Bagno di Romagna [FC]
20 Ab
Bagno la Perla [PI] 22 Bb
Bagnoli di Sopra [PD] 14 Ab
Bagnoli Irpino [AV] 30 Ca
Bagnolo del Salento [LE]
34 Db
Bagnolo in Piano [RE] 12 Cb
Bagnolo Mella [BS] 12 Ba
Bagnolo Piemonte [CN]
10 Bb
Bagnolo San Vito [MN] 12 Cb
Bagnorégio [VT] 22 Db
Bagolino [BS] 6 Cb
Baiardo [IM] 16 Bb
Baiso [RE] 18 Ca
Balestrate [PA] 42 Ca
Ballao [CA] 46 Ca
Balme [TO] 10 Ba
Balmúccia [VC] 4 Cb
Balsorano [AQ] 26 Ca
Bandita [AL] 10 Db
Bando [FE] 14 Ab
Bannio Anzino [VB] 4 Cb
Barano d'Ischia [NA] 30 Aa
Barbara [AN] 20 Cb
Barbarano Vicentino [VI]
14 Aa
Barberino di Mugello [FI]
18 Db
Barberino Val d'Elsa [FI]
18 Db
Barcellona Pozzo di Gotto
[ME] 38 Cb
Barcis [PN] 8 Bb
Bardi [PR] 12 Bb
Bardineto [SV] 16 Ca
Bardolino [VR] 12 Ca
Bardonécchia [TO] 10 Aa
Barga [LU] 18 Ca
Barge [CN] 10 Bb
Barghe [BS] 12 Ca

Bari [BA] 34 ABa
Baricella [BO] 14 Ab
Bari Sardo [NU] 46 Da
Barletta [BA] 28 Db
Baronissi [SA] 30 Ca
Barrafranca [EN] 40 Ba
Barúmini [CA] 46 Ba
Bárzio [LC] 6 Ab
Baschi [TR] 24 Ab
Baselga di Pinè [TN] 6 Db
Basovizza [TS] 14 Da
Bassacutena, Cantoniera–
[SS] 44 Ca
Bassano del Grappa [VI]
14 Aa
Bastia [PG] 24 Aa
Batignano [GR] 22 Ca
Battáglia Terme [PD] 14 Aa
Battipáglia [SA] 30 Ca
Baunei [NU] 46 Da
Baveno [VB] 4 Da
Bazzano [BO] 18 Da
Beccarini [FG] 28 Cb
Becchi [AT] 10 Cb
Bedonia [PR] 18 Ba
Beinette [CN] 16 Ba
Belfiore [VR] 12 Da
Belgioioso [PV] 12 Aab
Belgirate [VB] 4 Db
Bella [PZ] 30 Da
Bellagio [CO] 6 Ab
Bellano [LC] 6 Ab
Bellante [TE] 24 Ca
Bellária [RN] 20 Ba
Bellegra [ROMA] 26 Ba
Bellino [CN] 10 Ab
Bellona [CE] 30 Ba
Belluno [BL] 8 Bb
Belpasso [CT] 40 Ca
Belvedere [SR] 40 Db
Belvedere [UD] 14 Da
Belvedere Langhe [CN]
16 Ca
Belvedere Marittimo [CS]
32 Bb
Belvedere Ostrense [AN]
20 Cb
Benetutti [SS] 44 Cb
Bene Vagienna [CN] 10 Bb
Benevento [BN] 28 Bb
Bérceto [PR] 18 Ba
Berchidda [SS] 44 Cba
Bereguardo [PV] 10 Da
Bérgamo [BG] 12 Ba
Bergeggi [SV] 16 Ca
Bernalda [MT] 32 Da
Berra [TE] 14 Ab
Bertinoro [FC] 20 Ba
Besenello [TN] 6 Db
Besozzo [VA] 4 Db
Béttola [PC] 12 Ba
Bevagna [PG] 24 Aa
Bevilacqua [VR] 12 Dab
Bezzecca [TN] 6 Cb
Biancavilla [CT] 38 Bb
Bianco [RC] 36 Bb
Biandrate [NO] 10 Da
Bibbiena [AR] 20 Ab
Bibbona [LI] 22 Ba
Bibione [VE] 14 Bb
Biccari [FG] 28 Bb
Biella [BI] 10 Ca
Bienno [BS] 6 Cb
Biéntina [PI] 18 Cb

Binasco [MI] 12 Aa
Bionaz [AO] 4 Bb
Bisaccia [AV] 30 Da
Bisacquino [PA] 42 Ca
Bisceglie [BA] 34 Aa
Bisenti [TE] 24 Cb
Bisignano [CS] 32 Cb
Bitetto [BA] 34 Aa
Bitonto [BA] 34 Aa
Bitti [NU] 44 Cb
Bivigliano [FI] 18 Db
Bivona [AG] 42 Ca
Boario Terme [BS] 6 Cb
Bobbio [PC] 12 Ab
Bóbbio Péllice [TO] 10 Ab
Bocca di Magra [SP] 18 Bab
Bocchigliero [CS] 36 Ca
Bognanco Fonti [VB] 4 Cb
Bojano [CB] 28 Ab
Bolgheri [LI] 22 Ba
Bolle, Le– [FI] 18 Db
Bologna [BO] 18 Da
Bolognetta [PA] 42 Ca
Bolognola [MC] 24 Ba
Bolòtana [NU] 44 Bb
Bolsena [VT] 22 Db
Bolzano / Bozen [BZ] 6 Da
Bolzano Vicentino [VI] 14 Aa
Bomba [CH] 28 Aa
Bomporto [MO] 12 Db
Bonárcado [OR] 46 Ba
Bonassola [SP] 18 Aa
Bonate Sopra [BG] 12 Aa
Bondeno [FE] 14 Ab
Bondo [TN] 6 Cb
Bondone [TN] 6 Db
Bono [SS] 44 Cb
Bonorva [SS] 44 Bb
Borbona [RI] 24 Bb
Bordighera [IM] 16 Bb
Borello [FC] 20 Bab
Borghetto di Vara [SP] 18 Ba
Borghetto Santo Spirito [SV]
    16 Ca
Borgia [CZ] 36 Cb
Borgio Verezzi [SV] 16 Ca
Borgo a Mozzano [LU] 18 Cb
Borgo Carso [LT] 26 Bb
Borgoforte [MN] 12 Cb
Borgofranco d'Ivrea [TO]
    10 Ca
Borgo Grappa [LT] 26 Bb
Borgo Maggiore [RSM] 20 Bb
Borgomanero [NO] 4 Db
Borgo Massano [PU] 20 Bcb
Borgo Montello [LT] 26 Bb
Borgonato [BS] 12 Ba
Borgonovo Ligure [GE]
    18 Aa
Borgonovo Val Tidone [PC]
    12 Ab
Borgo Pace [PU] 20 Bb
Borgo Paglia [FC] 20 Ba
Borgo Piave [LT] 26 Bb
Borgo Podgora [LT] 26 Bb
Borgo Ponte [CN] 16 Ca
Borgorose [RI] 24 Bb
Borgo Sabotino [LT] 26 Bb
Borgo San Dalmazzo [CN]
    16 Ba
Borgo San Lorenzo [FI]
    20 Ab
Borgo San Michele [LT]
    26 Bb

Borgosatollo [BS] 12 BCa
Borgosésia [VC] 4 Cb
Borgo Tossignano [BO]
    20 Aa
Borgo Val di Taro [PR] 18 Ba
Borgo Valsugana [TN] 8 Ab
Borgo Vercelli [VC] 10 Da
Borgo Vódice [LT] 26 BCb
Bormida [SV] 16 Ca
Bormio [SO] 6 Ca
Bortigali [NU] 44 Bb
Bosa [NU] 44 Bb
Bosa Marina [NU] 44 Bb
Bosco [PG] 24 Aa
Bosco Chiesanuova [VR]
    12 Da
Bossea [CN] 16 Ca
Bossolasco [CN] 16 Ca
Botricello [CZ] 36 Ca
Botrugno [LE] 34 Db
Bova [RC] 38 Db
Bovalino Marina [RC]
    38 Dab
Bova Marina [RC] 38 Db
Bovegno [BS] 6 Cb
Boves [CN] 16 Ba
Boville Ernica [FR] 26 Ca
Bovino [FG] 28 Cb
Bovolone [VR] 12 Da
Bozen / Bolzano [BZ] 6 Da
Bozzolo [MN] 12 Cb
Bra [CN] 10 BCb
Bracciano [ROMA] 26 Aa
Bráies / Prags [BZ] 8 Ba
Branca [PG] 24 Aa
Brancaleone [RC] 38 Db
Branzi [BG] 6 Bb
Braone [BS] 6 Cb
Brecciarola [CH] 24 Db
Breda di Piave [TV] 14 Ba
Breganze [VI] 14 Aa
Brenner / Brénnero [BZ] 8 Aa
Brénnero / Brenner [BZ] 8 Aa
Breno [BS] 6 Cb
Brentonico [TN] 6 Db
Brenzone [VR] 12 Ca
Brescello [RE] 12 Cb
Brescia [BS] 12 BCa
Bressanone / Brixen [BZ]
    8 Aa
Breuil → Cervinia [AO] 4 Bb
Briatico [VV] 36 Bb
Brienza [PZ] 32 Ba
Brindisi [BR] 34 Ca
Brionzo [VA] 4 Db
Brisighella [RA] 20 Aa
Brixen / Bressanone [BZ]
    8 Aa
Broccostella [FR] 26 CDa
Brolo [ME] 38 Bb
Bróndolo [VE] 14 Bb
Broni [PV] 12 Ab
Bronte [CT] 38 Bb
Brozzo [BS] 12 Ca
Brugnera [PN] 8 Bb
Bruino [TO] 10 Bb
Brunate [CO] 6 Ab
Bruneck / Brúnico [BZ] 8 Aa
Brúnico / Bruneck [BZ] 8 Aa
Brusago [TN] 6 Db
Brusasco [TO] 10 Cb
Brusson [AO] 4 BCb
Buccheri [SR] 40 Cb
Bucchiánico [CH] 24 Db

Buccino [SA] 30 Da
Búcine [AR] 20 Ab
Buddusó [SS] 44 Cb
Búdrio [BO] 20 Aa
Buggerru [CA] 46 Ab
Buggiano [PT] 18 Cb
Bultei [SS] 44 Cb
Buonabitácolo [SA] 32 Ba
Buonconvento [SI] 22 Ca
Buonvicino [CS] 32 Bb
Burano [VE] 14 Ba
Burcei [CA] 46 Cb
Burgio [AG] 42 Cab
Burgstall / Postal [BZ] 6 Da
Burolo [TO] 10 Ca
Buronzo [VC] 10 Ca
Busachi [OR] 46 Ba
Busalla [GE] 10 Db
Busana [RE] 18 Ca
Busca [CN] 16 Ba
Buscemi [SR] 40 Cb
Busseto [PR] 12 Bb
Bussi sul Tirino [PE] 24 Cb
Bussoleno [TO] 10 Aa
Busto Arsízio [VA] 10 Da
Butera [CL] 40 Bab
Buttrio [UD] 8 Bb
Buturo [CZ] 36 Ca

C

Cábras [OR] 46 Ba
Caccamo [PA] 42 Ca
Cacciola [RE] 12 Cb
Cadelbosco di Sopra [RE] 12
    Cb
Cadelbosco di Sotto [RE] 12
    Cb
Cadenabbia [CO] 6 Ab
Cadipietra / Steinhaus [BZ]
    8 Aa
Cagli [PU] 20 BCb
Cágliari [CA] 46 Cb
Cagnano Varano [FG] 28 Ca
Caiazzo [CE] 28 Ab
Cáiro Montenotte [SV] 16 Ca
Caivano [NA] 30 Ba
Calabernardo [SR] 40 Cb
Cala d'Oliva [SS] 44 Aa
Cala Gonone [NU] 44 Db
Calalzo di Cadore [BL] 8 Ba
Calangiánus [SS] 44 Ca
Calascibetta [EN] 40 Ba
Calasetta [CA] 46 Ab
Calatafimi [TP] 42 Ba
Calci [PI] 18 Cb
Calcinate [BG] 12 Ba
Calcinelli [PU] 20 Cb
Caldarola [MC] 24 Ba
Caldaro sulla Strada del Vino
    / Kaltern an der
    Weinstrasse [BZ] 6 Da
Calderino [BO] 18 Da
Caldirola [AL] 12 Ab
Caldogno [VI] 14 Aa
Caldonazzo [TN] 6 Db
Calenzano [FI] 18 Db
Calestano [PR] 12 Bb
Caletta, la– [CA] 46 Ab
Caletta, la– [NU] 44 Db
Calice al Cornoviglio [SP]
    18 Ba

Calimera [LE] 34 Db
Calitri [AV] 30 Da
Calizzano [SV] 16 Ca
Callieri [CN] 16 Aa
Calmazzo [PU] 20 Cb
Calopezzati [CS] 32 Db
Caltabellotta [AG] 42 Ca
Caltagirone [CT] 40 Ba
Caltanissetta [CL] 40 Ba
Caltavuturo [PA] 42 Da
Caltrano [VI] 14 Aa
Caluso [TO] 10 Ca
Calvagese della Riviera [BS]
    12 Ca
Calvello [PZ] 32 Ba
Calvi dell'Umbria [TR] 24 Ab
Calvi Risorta [CE] 26 Db
Camaiore [LU] 18 Cb
Camaldoli [AR] 20 Ab
Camaldoli, Eremo di– [AR]
    20 Ab
Camerano [AN] 20 Db
Cameri [NO] 10 Da
Camerino [MC] 24 Ba
Camerota [SA] 30 Db
Camigliatello [CS] 36 Ca
Cammarata [AG] 42 Da
Camogli [GE] 18 Aa
Campagna [SA] 30 Da
Campagnano di Roma
    [ROMA] 24 Ab
Campana [CS] 36 Ca
Campello Monti [VB] 4 Cb
Campello sul Clitunno [PG]
    24 Ba
Campi Bisenzio [FI] 18 Db
Campíglia Maríttima [LI]
    22 Ba
Campíglia Soana [TO] 10 Ba
Campione d'Italia [CO] 6 Ab
Campi Salentina [LE]
    34 CDb
Campitello di Fassa [TN]
    8 Aa
Campli [TE] 24 Ca
Campobasso [CB] 28 Ab
Campobello di Licata [AG]
    42 Db
Campobello di Mazara [TP]
    42 Ba
Campo Calabro [RC] 38 CCa
Campo di Giove [AQ] 26 Da
Campo di Trens / Freienfeld
    [BZ] 8 Aa
Campodolcino [SO] 6 Aa
Campofiorito [PA] 42 Ca
Campolasta / Astfeld [BZ]
    8 Aa
Campoli Appennino [FR] 26
    CDa
Campomaggiore [PZ] 32 Ca
Campomarino [CB] 28 Ba
Campora San Giovanni [CS]
    36 Ba
Camporeale [PA] 42 Ca
Camporgiano [LU] 18 Ca
Camporosso [IM] 16 Bb
Camposampiero [PD] 14 Aa
Campotosto [AQ] 24 Cb
Campo Túres / Sand in
    Taufers [BZ] 8 Aa
Camucia [AR] 22 Da
Canale [CN] 10 Cb
Canal San Bovo [TN] 8 Ab

Canazei [TN] 8 Aa
Cancelli [AN] 24 Ba
Cancello ed Arnone [CE] 30 Ba
Candela [FG] 28 Cb
Candia Canavese [TO] 10 Ca
Candia Lomellina [PV] 10 Da
Canelli [AT] 10 Cb
Canepina [VT] 24 Ab
Canicattì [AG] 42 Bb
Canicattini Bagni [SR] 40 Cb
Canino [VT] 22 Db
Cannero Riviera [VB] 4 Db
Canneto [PI] 22 Ba
Canneto sull'Óglio [MN] 12 Cb
Cannobio [VB] 4 Db
Canolo [RC] 36 Bb
Canosa di Púglia [BA] 28 Db
Canossa [RE] 12 Cb
Cantalupo [AL] 10 Db
Cantalupo nel Sánnio [IS] 28 Ab
Cantiano [PU] 20 BCb
Cantù [CO] 6 Ab
Canzo [CO] 6 Ab
Caoria [TN] 8 Ab
Caórle [VE] 14 Ca
Caorso [PC] 12 Bb
Capáccio [SA] 30 Cb
Capaci [PA] 42 Ca
Capánnoli [PI] 18 Cb
Capena [ROMA] 24 Ab
Capestrano [AQ] 24 Cb
Capistrello [AQ] 26 Ca
Capitello [SA] 30 Db
Capizzi [ME] 38 Ab
Capodimonte [VT] 22 Db
Capo d'Orlando [ME] 38 Bab
Caposele [AV] 30 Da
Caposile [VE] 14 Ba
Capoterra [CA] 46 Bb
Cappelle [AQ] 26 Ca
Capracotta [IS] 28 Ab
Capraia [LI] 22 Aa
Capránica [VT] 22 Ab
Capránica Prenestina [ROMA] 26 Ba
Caprarola [VT] 24 Ab
Caprese Michelángelo [AR] 20 Ab
Capri [NA] 30 Bb
Capriati a Volturno [CE] 26 Db
Capríglia [MC] 24 Ba
Caprile [BL] 8 ABa
Caprino Veronese [VR] 12 Ca
Capriolo [BS] 12 Ba
Cápua [CE] 26 Db
Capurso [BA] 34 Ba
Caraglio [CN] 16 Ba
Caragna [SV] 16 Ca
Caramánico Terme [PE] 24 Db
Carapelle [FG] 28 Ca
Carasco [GE] 18 Aa
Carassai [AP] 24 Ca
Caravággio [BG] 12 Ba
Carbonare di Folgaria [TN] 6 Db
Carbone [PZ] 32 Cb

Carbónia [CA] 46 Bb
Carbonin / Schluderbach [BZ] 8 Ba
Carcare [SV] 16 Ca
Cardinale [CZ] 36 BCb
Careri [RC] 36 Bb
Carezza al Lago / Karersee [BZ] 8 Aa
Cariati [CS] 32 Db
Carignano [TO] 10 Bb
Carignano Terme [PU] 20 Cb
Carini [PA] 42 Ca
Carínola [CE] 26 Db
Carlantino [FG] 28 Ba
Carlentini [SR] 40 Ca
Carloforte [CA] 46 Ab
Carmagnola [TO] 10 Bb
Carmiano [LE] 34 Db
Carmignano [PO] 18 Db
Carolei [CS] 36 Ba
Carona [BG] 6 Da
Carovigno [BR] 34 Ca
Carpacco [UD] 8 Cb
Carpaneto Piacentino [PC] 12 Bb
Carpegna [PU] 20 Bb
Carpenédolo [BS] 12 Ca
Carpi [MO] 12 CDb
Carpignano [NO] 10 Cb
Carpinello [FC] 20 Ba
Carpineti [RE] 18 Ca
Carpineto Romano [ROMA] 26 Ca
Carpinone [IS] 28 Aa
Carrara [MS] 18 Ba
Carrodano [SP] 18 Ba
Carrù [CN] 16 Ca
Carsóli [AQ] 26 BCa
Cartoceto [PU] 20 Cb
Carugo [CO] 6 Ab
Carúnchio [CH] 28 Aa
Casabona [KR] 36 Da
Casacalenda [CB] 28 Ba
Casa Castalda [PG] 24 Aa
Casa l'Abate [LE] 34 Dab
Casalbordino [CH] 28 Aa
Casalborgone [TO] 10 Cab
Casalbuttano [CR] 12 Ba
Casal Cermelli [AL] 10 Db
Casal di Príncipe [CE] 30 Ba
Casalécchio di Reno [BO] 18 Da
Casale Monferrato [AL] 10 CDab
Casaletto Spartano [SA] 32 Bb
Casalgrasso [CN] 10 Bb
Casalmaggiore [CR] 12 Cb
Casalmorano [CR] 12 Ba
Casalnuovo Monterotaro [FG] 28 Ba
Casalpusterlengo [LO] 12 Bab
Casalromano [MN] 12 Ca
Casalvieri [FR] 26 Da
Casamássima [BA] 34 Ba
Casamíccciola Terme [NA] 30 Aa
Casapulla [CE] 30 Ba
Casarano [LE] 34 Db
Casazza [BG] 12 Ba
Cáscia [PG] 24 Bab
Casciana Terme [PI] 18 Cb

Cáscina [PI] 18 Cb
Casella [GE] 16 Da
Caselle in Pittari [SA] 30 Db
Caselle Torinese [TO] 10 Ba
Casemurate [RA] 20 Ba
Casenove [PG] 24 Ba
Casere / Kasern [BZ] 8 Ba
Caserta [CE] 30 Ba
Casina [RE] 18 Ca
Casinina [PU] 20 Bb
Casnigo [BG] 12 Ba
Cásola in Lunigiana [MS] 18 Ba
Cásola Valsenio [RA] 20 Aa
Casoli [CH] 28 Aa
Casória [NA] 30 Ba
Cassano allo Iónio [CS] 32 Cb
Cassano d'Adda [MI] 12 Aa
Cassano delle Murge [BA] 34 Aa
Cassibile [SR] 40 Db
Cassine [AL] 10 Db
Cassino [FR] 26 Db
Cassio [PR] 12 Bb
Cassolnovo [PV] 10 Da
Castagnaro [VR] 14 Ab
Castagneto Carducci [LI] 22 Ba
Castagno [FI] 20 Aa
Cástano Primo [MI] 10 Da
Casteggio [PV] 12 Ab
Castegnato [BS] 12 Ba
Castel Bolognese [RA] 20 Aa
Castelbuono [PA] 38 Ab
Castel d'Aiano [BO] 18 CDa
Casteldelfino [CN] 10 Ab
Castel del Monte [AQ] 24 Cb
Castel del Monte [BA] 28 Db
Castel del Rio [BO] 20 Aa
Castel di Iudica [CT] 40 Ca
Castel di Sangro [AQ] 26 Da
Castelfidardo [AN] 20 Db
Castelfiorentino [FI] 18 Db
Castelforte [LT] 26 Db
Castelfranci [AV] 30 Ca
Castelfranco di Sotto [PI] 18 Cb
Castelfranco Emília [MO] 18 Da
Castelfranco in Misciano [BN] 28 Bb
Castelfranco Véneto [TV] 14 Aa
Castel Frentano [CH] 24 Db
Castél Fusano [ROMA] 26 Aa
Castél Gandolfo [ROMA] 26 Ba
Castel Goffredo [MN] 12 Ca
Castelgrande [PZ] 30 Da
Castella, Le– [KR] 36 Da
Castellabate [SA] 30 Cb
Castel Lagopesole [PZ] 32 Ba
Castellammare di Stábia [NA] 30 Bb
Castellammare del Golfo [TP] 42 Ba
Castellamonte [TO] 10 Ba
Castellana Grotte [BA] 34 Ba
Castellaneta [TA] 34 Ba
Castellanza [VA] 10 Da
Castellarano [RE] 18 Ca

Castell'Arquato [PC] 12 Bb
Castell'Azzara [GR] 22 Da
Castelleone di Suasa [AN] 20 Cb
Castelletto d'Orba [AL] 10 Db
Castelli [TE] 24 Cb
Castelli Calepio [BG] 12 Ba
Castellina in Chianti [SI] 18 Db
Castellina Maríttima [PI] 18 Cb
Castello d'Argile [BO] 12 Db
Castello di Annone [AT] 10 Cb
Castello Molina di Fiemme [TN] 6 Db
Castello Tesino [TN] 8 Ab
Castelluccio [PZ] 32 Bb
Castellúccio dei Sáuri [FG] 28 Cb
Castelluzzo [TP] 42 Ba
Castelmagno [CN] 16 Aa
Castelmarte [CO] 6 Ab
Castelmassa [RO] 12 Db
Castel Mella [BS] 12 Ba
Castelnovo ne' Monti [RE] 18 Ca
Castelnuovo Berardenga [SI] 22 Ca
Castelnuovo del Garda [VR] 12 Ca
Castelnuovo della Dáunia [FG] 28 Ba
Castelnuovo di Ceva [CN] 16 Ca
Castelnuovo di Garfagnana [LU] 18 Ca
Castelnuovo di Val di Cécina [PI] 22 Ba
Castelnuovo Don Bosco [AT] 10 Cb
Castelnuovo Parano [FR] 26 CDb
Castelnuovo Scrivia [AL] 10 Db
Castelraimondo [MC] 24 Ba
Castel San Gimignano [SI] 18 Db
Castel San Giorgio [SA] 30 Ca
Castel San Giovanni [PC] 12 Ab
Castel San Pietro Terme [BO] 20 Aa
Castelsantángelo sul Nera [MC] 24 Ba
Castelsardo [SS] 44 Ba
Castelsilano [KR] 36 Ca
Casteltermini [AG] 42 Db
Castelvécchio [VI] 12 Da
Castelvetrano [TP] 42 Ba
Castel Viscardo [TR] 22 Da
Castenaso [BO] 20 Aa
Castenedolo [BS] 12 Ca
Castiadas [CA] 46 Cb
Castiglioncello [LI] 18 Cb
Castiglione Chiavarese [GE] 18 Aa
Castiglione Cosentino [CS] 36 Ba
Castiglione dei Genovesi [SA] 30 Ca
Castiglione dei Pèpoli [BO] 18 Da

Castiglione del Lago [PG] 22 Da
Castiglione della Pescáia [GR] 22 Ba
Castiglione delle Stiviere [MN] 12 Ca
Castiglione di Cervia [RA] 20 Ba
Castiglione d'Órcia [SI] 22 Da
Castiglione Messer Marino [CH] 28 Aa
Castiglione Olona [VA] 4 Db
Castiglione Scalo [CS] 36 Ba
Castiglione Torinese [TO] 10 Cab
Castiglion Fiorentino [AR] 22 Da
Castione della Presolana [BG] 6 Bb
Castions [PN] 8 Cb
Castrignano del Capo [LE] 34 Db
Castro [BG] 6 Bb
Castrocaro Terme [FC] 20 Aa
Castro dei Volsci [FR] 26 Cb
Castro Marina [LE] 34 Db
Castropignano [CB] 28 Aa
Castroreale [ME] 38 Cb
Castroreale Terme [ME] 38 Cb
Castroregio [CS] 32 Cb
Castrovillari [CS] 32 Cb
Catania [CT] 40 Ca
Catanzaro [CZ] 36 Ca
Catenanuova [EN] 40 Ca
Catignano [PE] 24 Db
Cattólica [RN] 20 Cb
Cattólica Eracléa [AG] 42 Cb
Caulónia [RC] 36 Cb
Cava de' Tirreni [SA] 30 Ca
Cavaglià [BI] 10 Ca
Cavalese [TN] 8 Ab
Cavallermaggiore [CN] 10 Bb
Cavallino [LE] 34 Db
Cava Manara [PV] 12 Ab
Cavareno [TN] 6 Da
Cavárzere [VE] 14 Bb
Cavazzo Cárnico [UD] 8 Cb
Cavédine [TN] 6 Db
Ca' Venier [RO] 14 Bb
Caviola [BL] 8 Aab
Cavo [LI] 22 Ba
Cavola [RE] 18 Ca
Cavour [TO] 10 Bb
Cavriglia [AR] 18 Db
Ceccano [FR] 26 Cb
Cécina [LI] 22 Ba
Cefalù [PA] 42 Ca
Céggia [VE] 14 BCa
Céglie Messápica [BR] 34 Ca
Celano [AQ] 26 Ca
Celle di Bulghería [SA] 30 Db
Celle Ligure [SV] 16 Da
Cembra [TN] 6 Db
Cencenighe [BL] 8 Ab
Cengio [SV] 16 Ca
Centallo [CN] 16 Ba
Cento [FE] 12 Ca
Centola [SA] 30 Db
Centuripe [EN] 38 Bc
Cepagatti [PE] 24 Db

Ceppaloni [BN] 30 Ca
Ceprano [FR] 26 Cb
Cerami [EN] 38 Ab
Cerasi [RC] 38 Da
Cerbaia [FI] 18 Db
Cerchiara di Calábria [CS] 32 Cb
Cércola [NA] 30 Ba
Cerdà [PA] 42 Da
Cerea [VR] 12 Dab
Céres [TO] 10 Ba
Ceresole Reale [TO] 10 Ba
Ceriale [SV] 16 Ca
Cerignola [FG] 28 CDb
Cernóbbio [CO] 6 Ab
Cerqueto [PG] 24 Aa
Cerreto Sannita [BN] 28 Ab
Cerro Maggiore [MI] 12 Aa
Certaldo [FI] 18 Db
Certosa di Pavia [PV] 12 Aa
Cervara di Roma [ROMA] 26 BCa
Cervaro [FR] 26 Db
Cervéteri [ROMA] 26 Aa
Cervia [RA] 20 Ba
Cervignano del Friuli [UD] 8 Db
Cervinara [AV] 30 Ca
Cervínia (Breuil) [AO] 4 Bb
Cerzeto [CS] 36 Ba
Cesana Torinese [TO] 10 Ab
Cesaró [ME] 38 Bb
Cesena [FC] 20 Ba
Cesenático [FC] 20 Ba
Cetona [SI] 22 Da
Cetraro [CS] 32 Bb
Ceva [CN] 16 Ca
Champoluc [AO] 4 Bb
Champorcher [AO] 10 Ba
Châtillon [AO] 4 Bb
Chialamberto [TO] 10 Ba
Chiampo [VI] 12 Da
Chianale [CN] 10 Ab
Chianciano Terme [SI] 22 Da
Chiáppera [CN] 16 Aa
Chiaramonte Gulfi [RG] 40 Cb
Chiaravalle [AN] 20 Db
Chiaravalle Centrale [CZ] 36 Cb
Chiareggio [SO] 6 Bb
Chiari [BS] 12 Ba
Chiaromonte [PZ] 32 Cb
Chiatona [TA] 34 Bb
Chiávari [GE] 18 Aa
Chiavenna [SO] 6 Ab
Chiénes / Kiens [BZ] 8 Aa
Chieri [TO] 10 BCb
Chiesa in Valmalenco [SO] 6 Bb
Chies d'Alpago [BL] 8 Bb
Chieti [CH] 24 Db
Chieuti, Marina di– [FG] 28 Ba
Chióggia [VE] 14 Bab
Chiomonte [TO] 10 Aa
Chiusa / Klausen [BZ] 8 Aa
Chiusa di Pésio [CN] 16 Ba
Chiusaforte [UD] 8 Da
Chiúsa Scláfani [PA] 42 Ca
Chiusavecchia [IM] 16 Cab
Chiúsi [SI] 22 Da
Chiúsi della Verna [AR] 20 Ab
Chiusi Scalo [SI] 22 Da

Chivasso [TO] 10 Ca
Cianciana [AG] 42 Cb
Ciano d'Enza [RE] 12 Cb
Ciconicco [UD] 8 Cb
Cigliano [VC] 10 Ca
Cima Gogna [BL] 8 Ba
Ciminna [PA] 42 Da
Cimolais [PN] 8 Bb
Cíngoli [MC] 24 Ba
Cinigiano [GR] 22 Ca
Cinisello Bálsamo [MI] 12 Aa
Cinquecerri [RE] 18 Ca
Cinquefrondi [RC] 36 Bb
Circello [BN] 28 Bb
Cirié [TO] 10 Ba
Cirò [KR] 36 Da
Cirò Marina [KR] 36 Da
Cisano Bergamasco [BG] 12 Aa
Cisano sul Neva [SV] 16 Ca
Cisliano [MI] 12 Aa
Cismon del Grappa [VI] 8 Ab
Cisterna di Latina [LT] 26 Bab
Cisternino [BR] 34 BCa
Cittadella [PD] 14 Aa
Cittadella del Capo [CS] 32 Bb
Città della Pieve [PG] 22 Da
Città del Vaticano [SCV] 26 Aa
Città di Castello [PG] 20 Bb
Cittaducale [RI] 24 Bb
Cittanova [RC] 36 Bb
Cittareale [RI] 24 Bb
Città Sant'Angelo [PE] 24 Db
Civenna [CO] 6 Ab
Cívidale del Friuli [UD] 8 Db
Civitacampomarano [CB] 28 Aa
Civita Castellana [VT] 24 Ab
Civitanova Marche [MC] 24 Ca
Civitavécchia [ROMA] 22 Db
Civitella Casanova [PE] 24 Cb
Civitella del Tronto [TE] 24 Ca
Civitella di Romagna [FC] 20 Ab
Civitella Marittima [GR] 22 Ca
Civitella Pagánico [GR] 22 Ca
Civitella Roveto [AQ] 26 Ca
Cláut [PN] 8 Bb
Clauzzetto [PN] 8 Cb
Claviere [TO] 10 Ab
Cles [TN] 6 Dab
Clitérnia Nuova [CB] 28 Ba
Clusone [BG] 6 Bb
Coazze [TO] 10 Bb
Cóccau [UD] 8 Da
Codevigo [PD] 14 Ba
Codigoro [FE] 14 Bb
Codogno [LO] 12 Bab
Codróipo [UD] 8 Cb
Cóggiola [BI] 4 Cb
Cogne [AO] 10 Ba
Cogoleto [GE] 16 Da
Cogolo [VR] 6 Cb
Colfiorito [PG] 24 Ba
Colico [LC] 6 Ab
Collagna [RE] 18 Ca

Collalto [UD] 8 Cb
Collebarucci [FI] 18 Db
Collécchio [PR] 12 Bb
Collecorvino [PE] 24 Db
Colle di Val d'Elsa [SI] 18 Db
Colleferro [ROMA] 26 Ba
Collegno [TO] 10 Bb
Colle Isarco / Gossensass [BZ] 8 Aa
Collepardo [FR] 26 Ca
Collepasso [LE] 34 Db
Collepepe [PG] 24 Aa
Collesalvetti [LI] 18 Ca
Colle Sannita [BN] 28 Bb
Collesano [PA] 42 Ca
Colletorto [CB] 28 Ba
Collevecchio [RI] 24 Ab
Colli a Volturno [IS] 26 Da
Colli di Montebove [AQ] 26 Ca
Cóllio [BS] 6 Cb
Cologna Véneta [VR] 12 Da
Cologne [BS] 12 Ba
Cologno al Serio [BG] 12 Ba
Colonia [CA] 46 Ab
Colorno [PR] 12 Cb
Col San Giovanni [TO] 10 Ba
Comácchio [FE] 14 Bb
Comeglians [UD] 8 Ca
Comélico Superiore [BL] 8 Ba
Comerio [VA] 4 Db
Comiso [RG] 40 BCb
Comiziano [NA] 30 Ca
Como [CO] 6 Ab
Comunanza [AP] 24 Ca
Cona [VE] 14 Bb
Conca dei Marini [SA] 30 Ca
Concerviano [RI] 24 Bb
Concórdia sulla Sécchia [MO] 12 Db
Condofuri Marina [RC] 38 Db
Conegliano [TV] 8 Bb
Consandolo [FE] 14 Ab
Consélice [RA] 20 Aa
Conselve [PD] 14 Aab
Consuma [FI] 20 Ab
Contarina [RO] 14 Bb
Contessa Entellina [PA] 42 Ca
Controne [SA] 30 Db
Conversano [BA] 34 Ba
Copanello [CZ] 36 Cb
Copertino [LE] 34 Db
Copparo [FE] 14 Ab
Córaci [CS] 36 Ba
Corato [BA] 34 Aa
Cordovado [PN] 8 Cb
Córedo [TN] 6 Db
Coréglia Antelminelli [LU] 18 Ca
Corfínio [AQ] 26 Da
Cori [LT] 26 Ba
Coriano [RN] 20 Bb
Corigliano Cálabro [CS] 32 Cb
Corinaldo [AN] 20 Cb
Corleone [PA] 42 Ca
Corleto Monforte [SA] 30 Db
Corleto Perticara [PZ] 32 BCa

Cormons [GO] 8 Db
Corniglio [PR] 18 Ba
Corniolo [FC] 20 Ab
Cornuda [TV] 8 ABb
Corrèggio [RE] 12 Cb
Corridònia [MC] 24 Ca
Cortale [CZ] 36 Ba
Cortellazzo [VE] 14 Ca
Cortemaggiore [PC] 12 Bb
Cortemilia [CN] 10 Cb
Corteolona [PV] 12 Aab
Cortina d'Ampezzo [BL] 8 Ba
Cortona [AR] 22 Da
Corvara / Corvara in Badia
    [BZ] 8 Aa
Corvara in Badia / Corvara
    [BZ] 8 Aa
Cosenza [CS] 36 Ba
Cossano Belbo [CN] 10 Cb
Cossato [BI] 10 Ca
Cosseria [SV] 16 Ca
Costalpino [SI] 22 Ca
Costa Valle Imagna [BG] 12
    ABa
Costigliole Saluzzo [CN]
    10 Bb
Cotronei [KR] 36 Ca
Cottanello [RI] 24 Ab
Courmayeur [AO] 4 Ab
Cozze [BA] 34 Ba
Craco [MT] 32 Ca
Crema [CR] 12 Ba
Cremnago [CO] 6 Ab
Cremona [CR] 12 Bb
Crescentino [VC] 10 Ca
Crespellano [BO] 18 Da
Crespino [RO] 14 Ab
Creto [TN] 6 Cb
Crevacuore [BI] 4 Cb
Crevalcore [BO] 12 Db
Crispano [NA] 30 Ba
Crissolo [CN] 16 Ba
Crodo [VB] 4 Cb
Cropalati [CS] 32 Db
Crotone [KR] 36 Ca
Cropani [PZ] 36 Ca
Croviana [TN] 6 Db
Cuglieri [OR] 46 Ba
Cumiana [TO] 10 Bb
Cuneo [CN] 16 Ba
Cuorgnè [TO] 10 Ba
Cupello [CH] 28 Aa
Cupra Marittima [AP] 24 Ca
Cupramontana [AN] 20 Cb
Curinga [CZ] 36 Bb
Curno [BG] 12 Ba
Curon Venosta [BZ] 6 Ca
Curtatone [MN] 12 Cb
Cusèrcoli [FC] 20 Ab
Custonaci [TP] 42 Aa
Cutigliano [PT] 18 Ca
Cutro [KR] 36 CDa
Cutrofiano [LE] 34 Db
Cuzzago [VB] 4 Db

D

Dalmine [BG] 12 Ba
Darfo [BS] 6 Cb
Decimomannu [CA] 46 Bb
Decimoputzu [CA] 46 Bb
Decollatura [CZ] 36 Ba

Dego [SV] 16 Ca
Dèiva Marina [SP] 18 Aa
Delia [CL] 42 Db
Delianuova [RC] 38 Ba
Deliceto [FG] 28 Cb
Demonte [CN] 16 Ba
Dermulo [TN] 6 Db
Deruta [PG] 24 Aa
Desenzano del Garda [BS]
    12 Ca
Desio [MI] 12 Aa
Dezzo [BG] 6 Bb
Diamante [CS] 32 Bb
Diano Marina [IM] 16 Cb
Dicomano [FI] 20 Ab
Dignano [UD] 8 Cb
Dimaro [TN] 6 Db
Dipignano [CS] 36 Ba
Diso [LE] 34 Db
Dobbiaco / Toblach [BZ] 8 Ba
Dogliani [CN] 16 Ba
Dogna [UD] 8 CDa
Dolcè [VR] 12 CDa
Dolcedo [IM] 16 Bb
Dolianova [CA] 46 Cb
Dolo [VE] 14 Ba
Domodòssola [VB] 4 Cb
Dòmus de Maria [CA] 46 Bb
Domusnóvas [CA] 46 Bb
Donoratico [LI] 22 Ba
Dont [BL] 8 Bb
Dorgali [NU] 44 Cb
Doria [CS] 32 Cb
Dovàdola [FC] 20 Aa
Dragoni [CE] 28 Ab
Drauto [ME] 38 Ba
Dro [TN] 6 Db
Dronero [CN] 16 Ba
Duino [TS] 8 Db

E

Èboli [SA] 30 Ca
Èdolo [BS] 6 Cb
Egna / Neumarkt [BZ] 6 Db
Èlmas [CA] 46 Bb
Èmpoli [FI] 18 Db
Ènego [VI] 8 Ab
Enna [EN] 40 Ba
Enneberg / Marebbe [BZ] 8
    Aa
Entracque [CN] 16 Ba
Entràtico [BG] 12 Ba
Entrèves [AO] 4 Ab
Eppan an der Weinstrasse /
    Appiano sulla Strada del
    Vino [BZ] 6 Da
Equi Terme [MS] 18 Ba
Eraclea [VE] 14 Ca
Eraclea Mare [VE] 14 Ca
Erba [CO] 6 Ab
Erbezzo [VR] 12 Da
Ercolano [NA] 30 Ba
Èrice [TP] 42 Ba
Escalaplano [NU] 46 Ca
Escovedu [OR] 46 Ba
Esine [BS] 6 Cb
Espèria [FR] 26 CDb
Este [PD] 14 Aa
Esterzili [NU] 46 Ca
Exilles [TO] 10 Ab

F

Fabbrico [RE] 12 Cb
Fabriano [AN] 24 Ba
Fàbrica di Roma [VT] 24 Ab
Fabrizia [VV] 36 Bb
Fadalto [BL] 8 Bb
Faèdis [UD] 8 Db
Faenza [RA] 20 Aa
Faeto [FG] 28 Bb
Fagagna [UD] 8 Cb
Faggiano [TA] 34 Bb
Fai della Paganella [TN]
    6 Db
Falcade [BL] 8 Ab
Falconara Marìttima [AN]
    20 Db
Falerna [CZ] 36 Ba
Falerone [AP] 24 Ca
Fanano [MO] 18 Ca
Fano [PU] 20 Cb
Fara in Sabina [RI] 24 Bb
Fara Novarese [NO] 10 Da
Farini [PC] 12 Ab
Farnese [VT] 22 Db
Farra d'Alpago [BL] 8 Bb
Fasano [BR] 34 Ba
Favara [AG] 42 Db
Favignana [TP] 42 Aa
Felina [RE] 18 Ca
Felisio [RA] 20 Aa
Felizzano [AL] 10 Cb
Feltre [BL] 8 Ab
Fenestrelle [TO] 10 Ab
Ferentillo [TR] 24 Bb
Ferentino [FR] 26 Ca
Fermignano [PU] 20 BCb
Fermo [AP] 24 Ca
Ferrandina [MT] 32 Ca
Ferrania [SV] 16 Ca
Ferrara [FE] 14 Ab
Ferrara di Monte Baldo [VR]
    12 CDa
Ferriere [PC] 12 Ab
Ferruzzano [RC] 38 Db
Fertìlia [SS] 44 Ab
Fiamignano [RI] 24 Bb
Fiano [TO] 10 Ba
Ficarolo [RO] 14 Ab
Ficulle [TR] 22 Da
Fidenza [PR] 12 Bb
Fiera di Primiero [TN] 8 Ab
Fiesole [FI] 18 Db
Fiesso Umbertiano [RO]
    14 Ab
Figline Valdarno [FI] 18 Db
Figline Vegliaturo [CS] 36
    BCa
Filadelfia [VV] 36 Bb
Filandari [VV] 36 Bb
Filettino [FR] 26 Ca
Filiano [PZ] 32 Ba
Filicudi Porto [ME] 38 Ba
Filottrano [AN] 20 Db
Finale [ME] 38 Aa
Finale Emìlia [MO] 12 Db
Finale Lìgure [SV] 16 Ca
Fino Mornasco [CO] 12 Aa
Fiorano [MO] 18 Ca
Fiorenzuola d'Arda [PC]
    12 Bb
Firenze [FI] 18 Db

Firenzuola [FI] 18 Db
Firmo [CS] 32 Cb
Fiùggi [FR] 26 Ca
Fiumalbo [MO] 18 Ca
Fiumedinisi [ME] 38 Cb
Fiumefreddo Brùzio [CS]
    36 Ba
Fiumefreddo di Sicilia [CT]
    38 Cb
Fiume Veneto [PN] 8 Cb
Fiumicino [ROMA] 26 Aa
Fiuminata [MC] 24 Ba
Fivizzano [MS] 18 Ba
Flères / Pflersch [BZ] 6 Da
Floresta [ME] 38 Bb
Florìdia [SR] 40 Cb
Florinas [SS] 44 Bb
Fluminimaggiore [CA]
    46 Bb
Fobello [VC] 4 Cb
Fòggia [FG] 28 Cb
Fogliano [LT] 26 Bb
Foiano della Chiana [AR] 22
    Da
Foiano di Val Fortore [BN]
    28 Bb
Folgaria [TN] 6 Db
Foligno [PG] 24 ABa
Follina [TV] 8 Bb
Follònica [GR] 22 Ba
Fombio [LO] 12 Bb
Fondachelli–Fantina [ME] 38
    BCb
Fondi [LT] 26 Cb
Fondo [TN] 6 Da
Fonni [NU] 46 Ca
Fontanèlice [BO] 20 Aa
Fontanella [BG] 18 CDb
Fontanellato [PR] 12 Bb
Fontanelle [VI] 8 Ab
Fonteblanda [GR] 22 Cb
Fontècchio [AQ] 24 Cb
Fonte della Ròccia /
    Trinkstein [BZ] 8 Aa
Fontevivo [PR] 12 Bb
Fonzaso [BL] 8 Ab
Foppiano [VB] 4 Cb
Foppolo [BG] 6 Bb
Force [AP] 24 Ca
Forcella [FR] 26 Ca
Fordongiànus [OR] 46 Ba
Forenza [PZ] 32 Ba
Foresta di Bùrgos [SS] 44 Bb
Forìo [NA] 30 Aa
Forlì [FC] 20 ABa
Forlimpopoli [FC] 20 Ba
Formazza [VB] 4 Ba
Formello [RM] 26 Ab
Fórmia [LT] 26 Cb
Formigine [MO] 18 Ca
Formignana [FE] 14 Ab
Fornelli [IS] 34 Aa
Forni Avoltri [UD] 8 Ca
Forni di Sopra [UD] 8 Ba
Forni di Sotto [UD] 8 Ba
Forno [VB] 4 Cb
Forno Alpi Graie [TO] 10 Ba
Forno di Zoldo [BL] 8 Bb
Fornovo di Taro [PR] 12 Bb
Forte dei Marmi [LU] 18 Bb
Fortezza / Franzensfeste [BZ]
    8 Aa
Fosdinovo [MS] 18 Ba
Fosdondo [RE] 12 Cb

Fossacesia Marina [CH] 28 Aa
Fossano [CN] 10 Bb
Fossato di Vico [PG] 24 Ba
Fossiata [CS] 36 Ca
Fossombrone [PU] 20 Cb
Foza [VI] 8 Ab
Frabosa Soprana [CN] 16 Ba
Francavilla al Mare [CH] 24 Db
Francavilla d'Ete [AP] 24 Ca
Francavilla di Sicilia [ME] 38 Cb
Francavilla Fontana [BR] 34 Ca
Francavilla sul Sinni [PZ] 32 Cb
Francica [VV] 36 Bb
Francofonte [SR] 40 Ca
Franzensfeste / Fortezza [BZ] 8 Aa
Frascati [ROMA] 26 Bb
Frascineto [CS] 32 Cb
Frassinoro [MO] 18 Ca
Fregene [ROMA] 26 Aa
Freienfeld / Campo di Trens [BZ] 8 Aa
Frignano [CE] 30 Ba
Frosinone [FR] 26 Ca
Frosolone [IS] 28 Aa
Fucécchio [FI] 18 Cb
Fucine [TN] 6 Cb
Fulgatore [TP] 42 Ba
Funes / Villnöss [BZ] 8 Aa
Furbara [ROMA] 26 Aaa
Furci [CH] 28 Aa
Furtei [CA] 46 Ba
Fuscaldo [CS] 36 Ba
Fusignano [RA] 20 Aa
Fusine in Valromana [UD] 8 Da

G

Gabbro [LI] 18 Cb
Gabicce Mare [PU] 20 Cb
Gaby [AO] 4 Cb
Gaeta [LT] 26 Cb
Gággio Montano [BO] 18 Aa
Gagliano Castelferrato [EN] 38 Bb
Gaiole in Chianti [SI] 18 Db
Gáiro [NU] 46 Ca
Galatina [LE] 34 Da
Galátone [LE] 34 Db
Galeata [FC] 20 Ab
Gallarate [VA] 10 Da
Galleno [LU] 18 Cb
Galliate [NO] 10 Da
Gallicano [LU] 18 Ca
Galliera [BO] 12 Db
Gallinaro [FR] 26 Ca
Gallipoli [LE] 34 Cbb
Gallo [PU] 20 BCb
Galtelli [NU] 44 CDb
Gámbara [BS] 12 Ca
Gambarie [RC] 38 Da
Gambassi [FI] 18 Db
Gambatesa [CB] 28 Bb
Gambolò [PV] 10 Da
Gandino [BG] 6 Bb

Gangi [PA] 38 Ab
Garaguso [MT] 32 Ca
Garbagna [AL] 10 Db
Garda [VR] 12 Ca
Gardone Riviera [BS] 12 Ca
Gardone Val Trómpia [BS] 12 Ba
Garéssio [CN] 16 Ca
Gargnano [BS] 12 Ca
Garibaldi Giuseppe, Case di- [SS] 44 Ca
Garlasco [PV] 10 Da
Garlenda [SV] 16 Ca
Gasperina [CZ] 36 Cb
Gatteo a Mare [FC] 20 Ba
Gattinara [VC] 10 Ca
Gattorna [GE] 18 Aa
Gavardo [BS] 12 Ca
Gavi [AL] 10 Db
Gavinana [PT] 18 Ca
Gávirate [VA] 4 Db
Gavoi [NU] 46 Ca
Gavorrano [GR] 22 Ba
Gazzaniga [BG] 6 Bb
Gela [CL] 40 Bb
Gemona del Friuli [UD] 8 Cb
Genola [CN] 10 Bb
Genova [GE] 16 Da
Genzano di Lucánia [PZ] 32 Ba
Genzano di Roma [ROMA] 26 Ba
Gerace [RC] 36 Bb
Germignaga [VA] 4 Db
Gerola Alta [SO] 6 ABb
Gesso [ME] 38 Ca
Ghedi [BS] 12 Ca
Ghemme [NO] 10 CDa
Ghibullo [RA] 20 Ba
Ghiffa [VB] 4 Db
Ghigo [TO] 10 Ab
Ghisalba [BG] 12 Ba
Ghislarengo [VC] 10 Ca
Giardini–Naxos [ME] 38 Cb
Giarratana [RG] 40 Cb
Giarre [CT] 38 Cb
Giaveno [TO] 10 Bb
Giba [CA] 46 Bb
Gibellina [TP] 42 BCa
Giglio Castello [GR] 22 Bb
Giglio Porto [GR] 22 Bb
Gignese [VB] 4 Db
Gildone [CB] 28 Ab
Ginosa [TA] 32 Da
Gioia dei Marsi [AQ] 26 Da
Gioia del Colle [BA] 34 Ba
Gioia Tauro [RC] 38 Da
Gioiosa Maréa [ME] 38 Ba
Giovinazzo [BA] 34 Aa
Girifalco [CZ] 36 Cb
Gissi [CH] 28 Aa
Giugliano in Campania [NA] 30 Ba
Giuliana [TE] 24 Da
Giussano [MI] 6 Ab
Giustino [TN] 6 CDb
Gizzeria [CZ] 36 Bb
Gizzeria Lido [CZ] 36 Ba
Godega di Sant'Urbano [TV] 8 Bb
Godiasco [PV] 12 Ab
Goglio [VB] 4 Cab
Góito [MN] 12 Ca

Golfo Aranci [SS] 44 Da
Gomagoi [BZ] 6 Ca
Gombo [PI] 18 Ca
Gonars [UD] 8 Cb
Goni [CA] 46 Ca
Gonnesa [CA] 46 ABb
Gonnosfanádiga [CA] 46 Bab
Gonnostramatza [OR] 46 Ba
Gonzaga [MN] 12 Cb
Gorgoglione [MT] 32 Ca
Gorgonzola [MI] 12 Aa
Gorizia [GO] 8 Db
Goro [RO] 14 Bb
Gosaldo [BL] 8 Ab
Gossensass / Colle Isarco [BZ] 8 Aa
Gossolengo [PC] 12 Ab
Gottolengo [BS] 12 Ca
Gozzano [NO] 4 Db
Gradara [PU] 20 Cb
Gradisca [UD] 8 Cb
Gradisca d'Isonzo [GO] 8 Db
Grado [GO] 14 Da
Graglia [BI] 10 Ca
Gragnano [NA] 30 Ba
Gramignazzo [PR] 12 Cb
Grammichele [CT] 40 Ca
Granarolo dell'Emilia [BO] 20 Aa
Grassano [MT] 32 Ca
Gravedona [CO] 6 Ab
Gravellona Toce [VB] 4 Db
Gravina di Catania [CT] 40 Ca
Gravina di Puglia [BA] 32 Ca
Grazzanise [CE] 30 Ba
Grazzano Visconti [PC] 12 Bb
Greci [AV] 30 Bb
Gressoney–la–Trinité [AO] 4 Cb
Gressoney–Saint–Jean [AO] 4 Cb
Greve [FI] 18 Db
Grezzana [VR] 12 Ca
Grignano [TS] 14 Da
Grignasco [NO] 4 Cb
Grigno [TN] 8 Ab
Grimaldi [CS] 36 Ba
Grimaldi [IM] 16 Bb
Grizzana [BO] 18 Da
Gromo [BG] 6 Bb
Gropello Cairoli [PV] 10 Da
Gropparello [PC] 12 Bb
Grosotto [SO] 6 Cb
Grosseto [GR] 22 Ca
Grottaferrata [ROMA] 26 Ba
Grottaglie [TA] 34 Cab
Grottaminarda [AV] 30 Ca
Grottammare [AP] 24 Ca
Grotte [AG] 42 Db
Grotteria [RC] 36 Bb
Grumento Nova [PZ] 32 Cb
Grumo Appula [BA] 34 Aa
Guagnano [LE] 34 Cb
Gualdo [FE] 14 Ab
Gualdo Tadino [PG] 24 Ba
Gualtieri [RE] 12 Cb
Guarcino [FR] 26 Ca
Guardavalle [CZ] 36 Cb
Guardea [TR] 24 Ab
Guardiagrele [CH] 24 Db
Guárdia Lombardi [AV] 30 Da

Guardia Piemontese [CS] 36 Ba
Guárdia Sanframondi [BN] 28 Ab
Guasila [CA] 46 BCa
Guastalla [RE] 12 Cb
Gúbbio [PG] 24 Aa
Guglionesi [CB] 28 Ba
Guidónia [ROMA] 26 Ba
Guíglia [MO] 18 Da
Gúspini [CA] 46 Ba

H

Hafling / Avelengo [BZ] 6 Da
Hône [AO] 4 Bb

I

Iano [RE] 12 Cb
Idro [BS] 12 Ba
Iesi [AN] 20 Cb
Igéa Marina [RN] 20 Ba
Iglésias [CA] 46 Bb
Imola [BO] 20 Aa
Imperia [IM] 16 Cb
Impruneta [FI] 18 Db
Incisa in Val d'Arno [FI] 18 Db
Innichen / San Candido [BZ] 8 Ba
Intra [VB] 4 Db
Introbio [LC] 6 Ab
Inverigo [CO] 6 Ab
Iolanda di Savóia [FE] 14 Ab
Ionadi [VV] 36 Bb
Irsina [MT] 32 Ca
Isca Marina [CZ] 36 Cb
Ischia [NA] 30 ABa
Iselle [VB] 4 Cb
Iseo [BS] 12 Ba
Isérnia [IS] 26 Da
Isili [NU] 46 Ca
Isola del Gran Sasso d'Italia [TE] 24 Cb
Isola della Scala [VR] 12 Da
Isola del Liri [FR] 26 Ca
Isola di Capo Rizzuto [KR] 36 Da
Isola Fossara [PG] 20 Cb
Ispica [RG] 40 Cb
Íssime [AO] 4 Cb
Issogne [AO] 10 Ba
Ístrana [TV] 14 Ba
Itri [LT] 26 Cb
Itri [LT] 26 Cb
Ittireddu [SS] 44 Bb
Íttiri [SS] 44 Bb
Ivrea [TO] 10 Ca

J

Jerzu [NU] 46 Ca
Jésolo [VE] 14 BCa

K

Kaltern an der Weinstrasse /
Caldaro sulla Strada del
Vino [BZ] 6 Da
Karersee / Carezza al Lago
[BZ] 8 Aa
Kasern / Caserc [BZ] 8 Da
Khamma [TP] 42 ins.a
Kiens / Chiénes [BZ] 8 Aa
Klausen / Chiusa [BZ] 8 Aa

L

Laas / Lasa [BZ] 6 Ca
la Caletta [CA] 46 Ab
la Caletta [NU] 44 Db
Laccio [GE] 18 Aa
Lacco Ameno [NA] 30 Aa
Lacedonia [AV] 30 Da
Laces / Latsch [BZ] 6 Da
Laconi [NU] 46 BCa
Ladíspoli [ROMA] 26 Aa
Lago [CS] 36 Ba
Lagonegro [PZ] 32 Bb
Lagosanto [FE] 14 Bb
Laiguéglia [SV] 16 Ca
Lainate [MI] 12 Aa
Laino Borgo [CS] 32 Bb
Laives / Leifers [BZ] 6 Da
La Lima [PT] 18 Ca
La Maddalena [SS] 44 Ca
Lama dei Peligni [CH] 26 Da
Lama Mocogno [MO] 18 Ca
Lamèzia Terme [CZ] 36 Ba
Lamon [BL] 8 Ab
Lampedusa [AG] 42 ins.b
Lana [BZ] 6 Da
Lanciano [CH] 24 Db
Landriano [PV] 12 Aa
Langhirano [PR] 12 BCb
Lanusei [NU] 46 Ca
Lanúvio [ROMA] 26 Ba
Lanzo d'Intelvi [CO] 4 Ab
Lanzo Torinese [TO] 10 Ba
la Péscia [FG] 28 Db
Lappach / Lappago [BZ] 8 Aa
Lappago / Lappach [BZ] 8 Aa
L'Áquila [AQ] 24 Cb
Larderello [PI] 22 Ba
Larino [CB] 28 Ba
Lasa / Laas [BZ] 6 Ca
La Spezia [SP] 18 Ba
Laste [BL] 8 Aa
Lastra a Signa [FI] 18 Db
Látera [VT] 22 Db
Laterina [AR] 24 Bb
Laterza [TA] 32 Da
La Thuile [AO] 4 Ab
Latiano [BR] 34 Ca
Latina [LT] 26 Bb
Latisana [UD] 8 Cb
la Torraccia [LT] 26 Ba
La Traversa [NU] 44 Cb
Latronico [PZ] 32 Bb
Latsch / Laces [BZ] 6 Da
Laura [PT] 18 Ca
Laureana di Borrello [RC]
36 Bb
Laurenzana [PZ] 32 Ba
Lauría [PZ] 32 Bb

La Vachey [AO] 4 Ab
Lavagna [GE] 18 Aa
Lavarone [TN] 6 Db
Lavello [PZ] 28 Cb
Laveno [AV] 4 Db
La Verna [AR] 20 Ab
Laviano [SA] 30 Da
La Villa / Stern [BZ] 8 Aa
Laviniio Lido di Enea [HUMA]
26 Bb
Lavis [TN] 6 Db
La Visaille [AO] 4 Ab
Lazise [VR] 12 Ca
Lazzáro [RC] 38 CDb
Le Bolle [FI] 18 Db
Leca [SV] 16 Ca
Le Castella [KR] 36 Da
Lecce [LE] 34 Db
Léccio [FI] 20 Ab
Lecco [LC] 6 Ab
Legnago [VR] 12 Dab
Legnano [MI] 10 Da
Legnaro [PD] 14 Aa
Léifers / Laives [BZ] 6 Da
Leini [TO] 10 Ba
Le Marmore [TR] 24 ABb
Lendinara [RO] 14 Ab
Lenno [CO] 6 Ab
Leno [BS] 12 BCa
Lentini [SR] 40 Ca
Leonessa [RI] 24 Bb
Leonforte [EN] 38 Ab
Le Piastre [PT] 18 Ca
Leporano [TA] 34 Bb
Léquile [LE] 34 Db
Lercara Friddi [PA] 42 Da
Lerici [SP] 18 Ba
Lesa [NO] 4 Db
Lésina [FG] 28 Ca
Letino [CE] 28 Ab
Léuca [LE] 34 Db
Levanto [SP] 18 Aa
Lévanzo [TP] 42 Aa
Leverano [LE] 34 Cb
Lévico Terme [TN] 6 Db
le Ville [AR] 20 Bb
Libbiano [PI] 22 Ba
Licata [AG] 42 Db
Licciana Nardi [MS] 18 Ba
Licodía Eubéa [CT] 40 Cab
Lido [VE] 14 Ba
Lido degli Estensi [FE] 14 Bb
Lido dei Pini [ROMA] 26 Bb
Lido delle Nazioni [FE] 14 Bb
Lido di Camaiore [LU] 18 Bb
Lido di Classe [RA] 20 Ba
Lido di Jésolo [VE] 14 BCa
Lido di Metaponto [MT]
34 ABb
Lido di Óstia [ROMA] 26 Aa
Lido di Pomposa [FE] 14 Bb
Lido di Savio [RA] 20 Ba
Lido di Siponto [FG] 28 Ca
Lido di Spina [FE] 14 Bb
Lido di Tarquinia [VT] 22 Db
Lido di Volano [FE] 14 Bb
Lido Sant'Angelo [CS] 32 Db
Lido Silvana [TA] 34 Bb
Lignano Sabbiadoro [UD]
14 Ca
Ligónchio [RE] 18 Ca
Lima, La- [PT] 18 Ca
Limidi [MO] 12 Db
Limone Piemonte [CN] 16 Ba

Limone sul Garda [BS] 6 Cb
Linaro [FC] 20 Bb
Linguaglossa [CT] 38 Ba
Linosa [AG] 42 ins.b
Lioni [AV] 30 Da
Lípari [ME] 38 Ba
Livigno [SO] 6 Ba
Livo [TN] 6 Da
Livorno [LI] 18 Cb
Lizzanello [LE] 34 Db
Lizzano [TA] 34 Cb
Lizzano in Belvedere [BO]
18 Da
Loano [SV] 16 Ca
Locana [TO] 10 Ba
Locorotondo [BA] 34 Ba
Locri [RC] 36 Bb
Loculi [NU] 44 CDb
Lodé [NU] 44 Cb
Lodi [LO] 12 Aa
Loiano [BO] 18 Da
Lóiri [SS] 44 Ca
Lomello [PV] 10 Db
Lonato [BS] 12 Ca
Londa [FI] 20 Ab
Longare [VI] 14 Aa
Longarone [BL] 8 Bb
Longastrino [RA] 14 ABb
Longega [BZ] 8 Aa
Longhere [TV] 8 Bb
Longobucco [CS] 36 Ca
Lonigo [VI] 12 Da
Loreggia [PD] 14 Aa
Lorenzago di Cadore [BL]
8 Ba
Loreo [RO] 14 Bb
Loreto [AN] 20 Db
Loreto Aprutino [PE] 24 Db
Lorica [CS] 36 Ca
Loro Ciuffenna [AR] 20 Ab
Lotzorai [NU] 46 Da
Lovere [BG] 6 Bb
Lovoleto [BO] 20 Aa
Lozzo di Cadore [BL] 8 Ba
Lucca [LU] 18 Cb
Lucera [FG] 28 Cb
Lucignano [AR] 22 Ba
Luco dei Marsi [AQ] 26 Ca
Lugagnano Val d'Arda [PC]
12 Bb
Lugo [RA] 20 Aa
Luino [VA] 4 Db
Lula [NU] 44 Cb
Lumezzane [BS] 12 BCa
Lunano [PU] 20 Bb
Lungro [CS] 32 Cb
Luogosanto [SS] 44 Ca
Lurago D'Erba [CO] 6 Ab
Lusen / Lusón [BZ] 8 Aa
Lusèvera [UD] 8 Db
Lusón / Lusen [BZ] 8 Aa
Lustra [SA] 30 Cb
Lutago / Luttach [BZ] 8 Aa
Luttach / Lutago [BZ] 8 Aa
Luzzi [CS] 36 Ba

M

Maccagno [VA] 4 Db
Maccarese [ROMA] 26 Aa
Macerata [MC] 24 Ca
Maclodio [BS] 12 Ba

Macomer [NU] 44 Bb
Macra [CN] 16 Aa
Macugnaga [VB] 4 Cb
Maddalena, La- [SS] 44 Ca
Maddaloni [CE] 30 Ba
Madesimo [SO] 6 Aa
Madonna dei Fornelli [BO] 18
Da
Madonna del Bosco [RA]
20 Ba
Madonna di Bracciano
[ROMA] 26 Aa
Madonna di Campiglio [TN] 6
Db
Madonna di Tirano [SO] 6 Bb
Magasa [BS] 6 Cb
Magenta [MI] 10 Da
Magione [PG] 24 Aa
Magliano Alpi [CN] 16 Ba
Magliano de' Marsi [AQ]
26 Ca
Magliano in Toscana [GR]
22 Cb
Magliano Sabina [RI] 24 Ab
Máglie [LE] 34 Db
Magré sulla Strada del Vino /
Margreid an der
Weinstrasse [BZ] 6 Db
Máida [CZ] 36 Bab
Máida Marina [CZ] 36 Bb
Maierà [CS] 32 Bb
Maiori [SA] 30 Cb
Malborghetto [UD] 8 Da
Malcésine [VR] 12 Ca
Malé [TN] 6 Db
Maletto [CT] 38 Bb
Malles Venosta / Mals in
Vinschgau [BZ] 6 Ca
Malnate [VA] 4 Db
Malo [VI] 12 Da
Malosco [TN] 6 Da
Mals in Vinschgau / Malles
Venosta [BZ] 6 Ca
Mammola [RC] 36 Bb
Mamoiada [NU] 44 Cb
Mamone [NU] 44 Cb
Manciano [GR] 22 Cb
Mandas [CA] 46 Ca
Mandello del Lario [CO]
6 Ab
Manduria [TA] 34 Cb
Manerbio [BS] 12 Ba
Manfrédónia [FG] 28 CDa
Maniago [PN] 8 Cb
Manoppello [PE] 24 Db
Mansué [TV] 8 Bb
Mántova [MN] 12 Cb
Manziana [ROMA] 26 Aa
Maranello [MO] 18 CDa
Maranghetto [VE] 14 Ca
Marano [BO] 18 Da
Marano Lagunare [UD] 8 Cb
Maratea [PZ] 32 Bb
Marcaria [MN] 12 Cb
Marcéddi [OR] 46 Ba
Marcena [TN] 6 Da
Marciana [LI] 22 Aa
Marciana Marina [LI] 22 Aa
Marcianise [CE] 30 Ba
Marciano della Chiana [AR]
22 Ba
Marcignana [FI] 18 CDb
Marébbe / Enneberg [BZ]
8 Aa

Marengo [AL] **10** Db
Maréttimo [TP] **42** Aa
Margherita di Savóia [FG]
  28 Bj
Margone [TO] **10** Ba
Margreid an der Weinstrasse
  / Magrè sulla Strada del
  Vino [BZ] **6** Db
Marigliano [NA] **30** Ba
Marina, Casa della– [CA] **46**
  Cb
Marina di Acquappesa [CS]
  36 Ba
Marina di Amendolara [CS]
  32 Cb
Marina di Badolato [CZ] **36** Cb
Marina di Belvedere [CS]
  32 Bb
Marina di Camerota [SA]
  30 Db
Marina di Campo [LI] **22** Aa
Marina di Carrara [MS]
  18 Bab
Marina di Casal Velino [SA]
  30 CDb
Marina di Castagneto–
  Donoratico [LI] **22** Ba
Marina di Catanzaro [CZ]
  36 Cb
Marina di Cecina [LI] **22** Ba
Marina di Cetraro [CS] **36** Ba
Marina di Gioiosa Iónica [RC]
  36 Bb
Marina di Grosseto [GR]
  22 BCab
Marina di Massa [MS] **18** Bb
Marina di Orosei [NU] **44** Db
Marina di Ostuni [BR] **34** Ca
Marina di Palma [AG] **42** Db
Marina di Paola [CS] **36** Ba
Marina di Pietrasanta [LU]
  18 Bb
Marina di Pisa [PI] **18** BCb
Marina di Ragusa [RG] **40** Bb
Marina di Ravenna [RA]
  20 Ba
Marina di Sorso [SS] **44** Ba
Marina di Torre Grande [OR]
  46 Ba
Marina di Vasto [CH] **28** Aa
Marina Romea [RA] **20** Ba
Marina Schiavonea [CS]
  32 Cb
Marina Velca [VT] **22** Bb
Marinella [TP] **42** Bb
Marinéo [PA] **42** Ca
Marino [ROMA] **26** Ba
Mariotto [BA] **34** Aa
Maristella [SS] **44** Ab
Marmirolo [MN] **12** Ca
Marmore, Le– [TR] **24** ABb
Maropati [RC] **36** Bb
Maróstica [VI] **14** Aa
Marradi [FI] **20** Aa
Marrùbiu [OR] **46** Ba
Marsala [TP] **42** Ba
Marsciano [PG] **24** Aa
Mársico Nuovo [PZ] **32** Ba
Mársico Vétere [PZ] **32** Ba
Marta [VT] **22** Db
Martano [LE] **34** Db
Martell / Martello [BZ] **6** CDa
Martello / Martell [BZ] **6** CDa
Martina Franca [TA] **34** Ba

Martinetto [SV] **16** Ca
Mártis [SS] **44** Ba
Marùggio [TA] **34** Cb
Marzabotto [BO] **18** Da
Marzanello [CE] **26** Db
Marzano Áppio [CE] **26** Db
Marzi [CS] **36** Ba
Maschito [PZ] **28** Cb
Masino, Val– [SO] **6** Bb
Masone [RE] **12** Cb
Massa [MS] **18** Bab
Massa Fiscáglia [FE] **14** Bb
Massafra [TA] **34** Ba
Massa Lombarda [RA] **20** Aa
Massa Lubrense [NA] **30** Ba
Mássama [OR] **46** Ba
Massa Maríttima [GR] **22** Ba
Massa Martana [PG] **24** Aa
Massarosa [LU] **18** Cb
Massenzatico [RE] **12** Cb
Matélica [MC] **24** Ba
Matera [MT] **32** Ca
Matino [LE] **34** Db
Mauls / Múles [BZ] **8** Aa
Mauria [BL] **8** Ba
Mazara del Vallo [TP] **42** Ba
Mazzano [BS] **12** Ca
Mazzarino [CL] **40** Ba
Mazzaró [ME] **38** Cb
Meana Sardo [NU] **46** Ca
Mede [PV] **10** Db
Medesano [PR] **12** Bb
Medicina [BO] **20** Aa
Medolla [MO] **12** Db
Meduno [PN] **8** Cb
Meina [NO] **4** Db
Mel [BL] **8** Bb
Melag / Melago [BZ] **6** Ca
Melago / Melag [BZ] **6** Ca
Meldola [FC] **20** Ba
Melegnano [MI] **12** Aa
Melfi [PZ] **28** Cb
Melilli [SR] **40** Ca
Melissa [KR] **36** Ba
Melissano [LE] **34** Db
Melito di Porto Salvo [RC]
  38 Db
Melle [CN] **10** Bb
Melpignano [LE] **34** Db
Melzo [MI] **12** Aa
Menaggio [CO] **6** Ab
Menfi [AG] **42** BCb
Mentana [ROMA] **26** Ba
Meran / Merano [BZ] **6** Da
Merano / Meran [BZ] **6** Da
Mercatale [AR] **24** Aa
Mercatale [PU] **20** Bb
Mercatello [PG] **24** Aa
Mercatello sul Metauro [PU]
  20 Bb
Mercatino Conca [PU] **20** Bb
Mercato San Severino [SA]
  30 Ca
Mercato Saraceno [FC] **20** Bb
Mergozzo [VB] **4** Db
Mesagne [BR] **34** Ca
Mesiano [VV] **36** Bb
Mesola [FE] **14** Bb
Mesoraca [KR] **36** Ca
Messina [ME] **38** Ca
Mestre [VE] **14** Ba
Mestrino [PD] **14** Aa
Metaponto [MT] **34** ABb
Mezzana [TN] **6** CDb

Mezzano [TN] **8** Ab
Mezzaselva / Mittewald [BZ] **8**
  Aa
Mezzoiuso [PA] **42** Ca
Mezzoldo [BG] **6** Bb
Mezzolombardo [TN] **6** Db
Miano [PR] **18** Ba
Migliarino [FE] **14** Ab
Migliarino [PI] **18** Cb
Miglionico [MT] **32** Ca
Mignano Monte Lungo [CE]
  26 Db
Milano [MI] **12** Aa
Milano Maríttima [RA] **20** Ba
Milazzo [ME] **38** Ca
Mileto [VV] **36** Bb
Milis [OR] **46** Ba
Militello in Val di Catania
  [CT] **40** Ca
Millesimo [SV] **16** Ca
Minérbio [BO] **18** Da
Minervino Murge [BA] **28** Db
Minturno [LT] **26** Db
Mióglia [SV] **16** Ca
Mira [VE] **14** Ba
Mirabella Eclano [AV] **30** Ca
Mirabello Monferrato [AL]
  10 Db
Miramare [RN] **20** Bb
Mirándola [MO] **12** Db
Mirano [VE] **14** Ba
Misano di Gera d'Adda [BG]
  12 Ba
Misilmeri [PA] **42** Ca
Missanello [PZ] **32** Ca
Misterbianco [CT] **40** Ca
Mistretta [ME] **38** Ab
Misurina [BL] **8** Ba
Mittewald / Mezzaselva [BZ]
  8 Aa
Módena [MO] **12** Db
Modica [RG] **40** Cb
Modigliana [FC] **20** Aa
Modugno [BA] **34** Aa
Moena [TN] **8** Aab
Mogliano [MC] **24** Ca
Mogliano Véneto [TV] **14** Ba
Moio Alcantara [ME] **38** Bb
Mola di Bari [BA] **34** Ba
Molare [AL] **10** Db
Molaretto [TO] **10** Ba
Molfetta [BA] **34** Aa
Molina [TN] **6** Db
Molina Aterno [AQ] **24** Cb
Molinella [BO] **14** Bb
Moliterno [PZ] **32** Ba
Moltrasio [CO] **6** Ab
Molveno [TN] **6** Db
Mombaróccio [PU] **20** Cb
Momo [NO] **10** Da
Monasterace Marina [RC]
  36 Cb
Monastir [CA] **46** Bb
Moncalieri [TO] **10** Bb
Moncalvo [AT] **10** Cb
Mondaino [RN] **20** BCb
Mondello [PA] **42** Ca
Mondolfo [PU] **20** Cb
Mondoví [CN] **16** Ba
Mondragone [CE] **26** Db
Mónesi [MI] **16** Ba
Monesíglio [CN] **16** Ca
Monfalcone [GO] **8** Db
Monforte d'Alba [CN] **10** Cb

Monghidoro [BO] **18** Da
Monguelfo / Welsberg [BZ]
  8 Ba
Monópoli [BA] **34** Ba
Monreale [PA] **42** Ca
Monsélice [PD] **14** Aa
Monserrato [CA] **46** BCb
Monsummano Terme [PT]
  18 Cb
Montagnana [PD] **14** Aa
Montaione [FI] **18** Cb
Montalbano Elicona [ME]
  38 Bb
Montalbano Iónico [MT] **32** Ca
Montalcino [SI] **22** Ca
Montaldo di Cósola [AL] **12**
  Ab
Montale [PT] **18** Db
Montallegro [AG] **42** Cb
Montalto delle Marche [AP]
  24 Ca
Montalto di Castro [VT]
  22 Db
Montalto Ligure [IM] **16** Bb
Montalto Marina [VT]
  22 CDb
Montalto Uffugo [CS] **36** Ba
Montano Antília [SA] **30** Db
Montauro [CZ] **36** Cb
Monte [AL] **10** Db
Montebello Iónico [RC] **38**
  Db
Montebello Vicentino [VI]
  12 Da
Montebelluna [TV] **14** Ba
Montebruno [GE] **18** Aa
Montebuono [RI] **24** Ab
Montecalvo in Foglia [PU] **20**
  Bb
Montecalvo Irpino [AV]
  28 Bb
Montecarelli [FI] **18** Dab
Montecarotto [AN] **20** Cb
Montecastrilli [TR] **24** Ab
Montecatini Terme [PT]
  18 Cb
Montecatini Val di Cécina [PI]
  18 Cb
Montécchio [PU] **20** Cb
Montécchio Emília [RE]
  12 Cb
Montécchio Maggiore [VI]
  12 Da
Montecompatri [RM] **26** Ba
Montecorvino Rovella [SA]
  30 Ca
Montecreto [MO] **18** Ca
Montedoro [CL] **42** Db
Montefalco [PG] **24** Aa
Montefalcone nel Sannio
  [CB] **28** Aa
Montefano [MC] **20** Db
Montefelcino [PU] **20** Cb
Montefiascone [VT] **22** Db
Montefiorino [MO] **18** Ca
Monteforte Irpino [AV] **30** Ca
Montegallo [AP] **24** Ca
Montegiordano [CS] **32** Cb
Montegiordano Marina [CS]
  32 Cb
Montegiórgio [AP] **24** Ca
Montegranaro [AP] **24** Ca
Montegrotto Terme [PD]
  14 Aa

Montelabbate [PU] 20 Cb
Monteleone d'Orvieto [TR] 22 Da
Montelepre [PA] 42 Ca
Montella [AV] 30 Ca
Montelupo Fiorentino [FI] 18 Db
Montemaggiore Belsito [PA] 42 Da
Montemarano [AV] 30 Ca
Montemarciano [AN] 20 Db
Montemassi [GR] 22 Ca
Montemerano [GR] 22 Cb
Montemesola [TA] 34 Ba
Montemilone [PZ] 28 Db
Montemonaco [AP] 24 Ca
Montemurlo [PO] 18 Db
Montenero di Bisàccia [CB] 28 Ba
Montenerodomo [CH] 28 Aa
Montepiano [PO] 18 Da
Montepulciano [SI] 22 Da
Montepulciano Scalo [SI] 22 Da
Monterado [AN] 20 Cb
Monterchi [AR] 20 Bb
Montereale [AQ] 24 Bb
Montereale Valcellina [PN] 8 Cb
Monteriggioni [SI] 22 Ca
Monte Romano [VT] 24 Ab
Monteroni d'Arbia [SI] 22 Ca
Monteroni di Lecce [LE] 34 Db
Monterosi [VT] 24 Ab
Monterosso al Mare [SP] 18 ABa
Monterosso Almo [RG] 40 Cb
Monterosso Calabro [VV] 36 Bb
Monterosso Grana [CN] 16 Ba
Monterotondo [ROMA] 26 Ba
Monterotondo Maríttimo [GR] 22 Ba
Monterubbiano [AP] 24 Ca
Monte San Biagio [LT] 26 Cb
Monte San Giovanni Campano [FR] 26 Ca
Monte San Giusto [MC] 24 Ca
Montesano Salentino [LE] 34 Db
Montesano sulla Marcellana [SA] 32 Ba
Monte San Pietro [BO] 18 Da
Monte San Savino [AR] 22 Da
Monte Sant'Angelo [FG] 28 Da
Monte San Vito [AN] 20 CDb
Montesárchio [BN] 30 Ca
Montescaglioso [MT] 32 Da
Montese [MO] 18 Da
Montespèrtoli [FI] 18 Db
Montespluga [SO] 6 Aa
Monte Urano [AP] 24 Ca
Montevarchi [AR] 20 Ab
Montevécchio [CA] 46 Bb
Montevécchio Marina [CA] 46 ABa
Montevergine, Santuario di– [AV] 30 Ca
Monti [SS] 44 Ca
Monticchio Bagni [AV] 30 Da
Monticelli d'Ongina [PC] 12 Bb

Monticelli Terme [PR] 12 Cb
Montichiari [BS] 12 Ca
Monticiano [SI] 22 Ca
Montieri [GR] 22 Ca
Montignoso [MS] 18 Bb
Montirone [BS] 12 Ba
Montoggio [GE] 18 Aa
Montone [PG] 24 Aa
Montório al Vomano [TE] 24 Cb
Montresta [NU] 44 Bb
Monza [MI] 12 Aa
Morano Calabro [CS] 32 Cb
Morbegno [SO] 6 Bb
Morciano di Romagna [RN] 20 BCb
Morcone [BN] 28 Ab
Móres [SS] 44 Bb
Moretta [CN] 16 Ba
Morgex [AO] 4 Ab
Mori [TN] 6 Db
Morimondo [MI] 12 Aa
Mormanno [CS] 32 Bb
Mornese [AL] 10 Db
Morozzo [CN] 16 Ba
Morro Reatino [RI] 24 Bb
Morrovalle [MC] 24 Ca
Mortara [PV] 10 Da
Mortegliano [UD] 8 Cb
Morter [BZ] 6 Da
Mosca [VI] 8 Ab
Moso in Passíria [BZ] 6 Ca
Mosso Santa Maria [VC] 10 Ca
Motta di Livenza [TV] 14 Ba
Motta Montecorvino [FG] 28 Bb
Motta San Giovanni [RC] 38 Db
Motta Visconti [MI] 12 Aa
Móttola [TA] 34 Ba
Mozzagrogna [CH] 28 Aa
Múccia [MC] 24 Ba
Múggia [TS] 14 Da
Mühlbach / Rio di Pusteria [BZ] 8 Aa
Mulazzo [MS] 18 Ba
Múles / Mauls [BZ] 8 Aa
Murano [VE] 14 Ba
Muravera [CA] 46 Cb
Murazzo [CN] 16 Ba
Muro Lucano [PZ] 30 Da
Muros [SS] 44 Bb
Mussòmeli [CL] 42 Db

N

Nago [TN] 6 Db
Nápoli [NA] 30 Ba
Narcao [CA] 46 Bb
Nardò [LE] 34 Db
Narni [TR] 24 Ab
Naro [AG] 42 Db
Narzole [CN] 16 Cb
Naso [ME] 38 Bb
Naturno [BZ] 6 Da
Nave [BS] 12 Ca
Navelli [AQ] 24 Ca
Nazzano [ROMA] 24 Ab
Nembro [BG] 12 Ba
Nemi [ROMA] 26 Ba
Neonelì [OR] 46 Ba

Nepi [VT] 24 Ab
Nervesa della Battaglia [TV] 8 Bb
Nervi [GE] 16 Ba
Nettuno [ROMA] 26 Bb
Neumarkt / Egna [BZ] 6 Db
Nevegal [BL] 8 Bb
Nibbiano [PC] 12 Ab
Nicastro [CZ] 36 Ba
Nicolosi [CT] 38 Bb
Nicosia [EN] 38 Ab
Nicotera [VV] 38 Da
Nicotera Marina [VV] 38 Da
Niederdorf / Villabassa [BZ] 8 Ba
Nimis [UD] 8 CDb
Niscemi [CL] 40 Bb
Nizza Monferrato [AT] 10 Cb
Noale [VE] 14 Ba
Noasca [TO] 10 Ba
Nocara [CS] 32 Cb
Nocera Inferiore [SA] 30 Ca
Nocera Tirinese [CZ] 36 Ba
Nocera Umbra [PG] 24 Ba
Noci [BA] 34 Ba
Nociglia [LE] 34 Db
Noépoli [PZ] 32 Cb
Nogara [VR] 12 Db
Noicàttaro [BA] 34 Ba
Nola [NA] 30 BCa
Noli [SV] 16 Ca
Nonantola [MO] 12 Db
None [TO] 10 Bb
Noragúgume [NU] 44 Bb
Nórcia [PG] 24 Ba
Nossa [BG] 6 Bb
Notaresco [TE] 24 Cb
Noto [SR] 40 Cb
Novaféltria [PU] 20 Bb
Novalesa [TO] 10 Aa
Nova Levante / Welschnofen [BZ] 8 Aa
Novara [NO] 10 Da
Novara di Sicília [ME] 38 Cb
Novellara [RE] 12 Cb
Noventa di Piave [VE] 14 Ba
Noventa Vicentina [VR] 14 Aa
Novi di Módena [MO] 12 Db
Novi Ligure [AL] 10 Db
Nozza [BS] 12 Ca
Nule [SS] 44 Cb
Nulvi [SS] 44 Ba
Numana [AN] 20 Db
Nunziatella [GR] 22 Cb
Nùoro [NU] 44 Cb
Nuragus [NU] 46 BCa
Nurallao [NU] 46 Ca
Naràminis [CA] 46 Bb
Nus [AO] 4 Bb
Nusco [AV] 30 Ca

O

Occhiobello [RO] 14 Ab
Oderzo [TV] 8 Bb
Offida [AP] 24 Ca
Ólbia [SS] 44 Ca
Oleggio [NO] 10 Da
Olévano di Lomellina [PV] 10 Da

Olévano Romano [ROMA] 26 Ba
Olgiate Molgora [CO] 6 Ab
Oliena [NU] 44 Cb
Ollomont [AO] 4 Bb
Olmedo [SS] 44 Ab
Oltre il Colle [BG] 6 Bb
Olzai [NU] 44 Cb
Omegna [VB] 4 Db
Omignano [SA] 30 Cb
Onano [VT] 22 Db
Onéglia [IM] 16 Cb
Oniferi [NU] 44 Cb
Onno [LC] 6 Ab
Opi [AQ] 26 Da
Oppeano [VR] 12 Da
Óppido Lucàno [PZ] 32 Ba
Óppido Mamertina [RC] 36 Bb
Orani [NU] 44 Cb
Orbassano [TO] 10 Bb
Orbetello [GR] 22 Cb
Orbetello Scalo [GR] 22 Cb
Orciano Pisano [PI] 18 Cb
Orco Feglino [SV] 16 Ca
Orgósolo [NU] 44 Cb
Ória [BR] 34 Ba
Oria [CO] 6 Ab
Orio Litta [LO] 12 Ab
Oriolo [CS] 32 Cb
Oriolo Romano [VT] 22 Db
Oristano [OR] 46 Ba
Ormea [CN] 16 Ca
Orosei [NU] 44 Db
Orotelli [NU] 44 Cb
Orróli [NU] 46 Ca
Orsara di Púglia [FG] 28 Bb
Orsogna [CH] 24 Db
Orta [NO] 4 Db
Orta Nova [FG] 28 Cb
Orte [VT] 24 Ab
Ortisei / Sankt Ulrich in Gröden [BZ] 8 Aa
Ortona [CH] 24 Db
Ortonovo [SP] 18 Ba
Ortovero [SV] 16 Ca
Orune [NU] 44 Cb
Orvieto [TR] 22 Dab
Orvinio [RI] 26 Ba
Orzinuovi [BS] 12 Ba
Orzivecchi [BS] 12 Ba
Óschiri [SS] 44 Cb
Osíglia [SV] 16 Ca
Ósilo [SS] 44 Ba
Ósimo [AN] 20 Db
Osio Sotto [BG] 12 Ba
Osoppo [UD] 8 Cb
Ospedaletti [IM] 16 Bb
Ospedaletto [UD] 8 Cb
Ospitale [MO] 18 Da
Ospitale di Cadore [BL] 8 Bb
Ospitaletto [RE] 18 Ca
Ostellato [FE] 14 Ab
Osteria Nuova [RM] 26 Aa
Óstia Antica [ROMA] 26 Aa
Ostíglia [MN] 12 Db
Ostra [AN] 20 Cb
Ostuni [BR] 34 Ca
Ótranto [LE] 34 Db
Otrícoli [TR] 24 Ab
Ottana [NU] 44 Cb
Ottati [SA] 30 Db
Ottaviano [NA] 30 Ba

Ottone [PC] 12 Ab
Oulx [TO] 10 Ab
Ovada [AL] 10 Db
Ovaro [UD] 8 Ca
Ovíndoli [AQ] 26 Ca
Oyace [AO] 4 Bb
Ozegna [TO] 10 Ba
Ozieri [SS] 44 BCb
Ozzano dell'Emília [BO] 18 Da
Ozzano Taro [PR] 12 Bb

P

Paceco [TP] 42 Ba
Pacentro [AQ] 26 Da
Pachino [SR] 40 Cb
Paderno Franciacorta [BS] 12 BCa
Pádova [PD] 14 Aa
Padria [SS] 44 Bb
Padru [SS] 44 Cab
Paduli [BN] 28 Bb
Paesana [CN] 10 Bb
Pagani [SA] 30 Ca
Pagánico [RI] 24 Bb
Pagnacco [UD] 8 Ca
Palagiano [TA] 34 Ba
Palagonía [CT] 40 Ca
Palanzano [PR] 18 Ba
Palau [SS] 44 Ca
Palazzago [BG] 12 ABa
Palazzo Adriano [PA] 42 Ca
Palazzo del Pero [AR] 20 Ab
Palazzolo Acréide [SR] 40 Cb
Palazzolo sull'Óglio [BS] 12 Ba
Palazzo San Gervásio [PZ] 28 Db
Palazzuolo [AR] 22 Da
Palazzuolo sul Sénio [FI] 20 Aa
Palena [CH] 26 Da
Palermo [PA] 42 Ca
Palestrina [ROMA] 26 Ba
Paliano [FR] 26 Ba
Palidoro [ROMA] 26 Aa
Palinuro [SA] 32 Db
Pallagorío [KR] 36 Ca
Pallanza [VB] 4 Db
Pallare [SV] 16 Ca
Palma Campania [NA] 30 BCa
Palma di Montechiaro [AG] 42 Db
Palmanova [UD] 8 Db
Palmi [RC] 38 Da
Palmi, Marina di– [RC] 38 Da
Pálmoli [CH] 28 Aa
Palo del Colle [BA] 34 Aa
Palombara Sabina [ROMA] 26 Ba
Paluzza [UD] 8 Ba
Pamparato [CN] 16 Ca
Pancalieri [TO] 10 Bb
Pandino [CR] 12 Aa
Panevéggio [TN] 8 Ab
Panicale [PG] 22 Da
Panicarola [PG] 22 Da
Pantelleria [TP] 42 ins.a
Paola [CS] 36 Ba
Paparotti [UD] 8 CDb

Parábita [LE] 34 Db
Paranesi [TE] 24 Cb
Parazzuolo [GE] 18 Aa
Parma [PR] 12 Cb
Partanna [TP] 42 Ba
Partinico [PA] 42 Ca
Passignano sul Trasimeno [PG] 24 Aa
Passirano [BS] 12 Ba
Passopisciaro [CT] 38 Bb
Pastorello [PR] 12 Bb
Paternó [CT] 40 Ca
Paternópoli [AV] 30 Ca
Patrica [FR] 26 Cb
Pattada [SS] 44 Cb
Patti [ME] 38 Bb
Paularo [UD] 8 Ca
Paulilátino [OR] 46 Ba
Paullo [MI] 12 Aa
Pavia [PV] 12 Aa
Pavullo nel Frignano [MO] 18 Ca
Pécciolo [PI] 18 Cb
Pecorara [PC] 12 Ab
Pedalino [RG] 40 BCb
Pedaso [AP] 24 Cb
Pedavena [BL] 8 Ab
Pedemonte [VI] 6 Db
Pederobba [TV] 8 Ab
Pedráces / Pedratsches [BZ] 8 Aa
Pedratsches / Pedráces [BZ] 8 Aa
Pegli [GE] 16 Da
Pegognaga [MN] 12 CDb
Péjo [TN] 6 Ca
Pélago [FI] 20 Ab
Pellegrino Parmense [PR] 12 Bb
Pellestrina [VE] 14 Ba
Pélos di Cadore [BL] 8 Ba
Pennabilli [PU] 20 Bb
Penne [PE] 24 CDb
Perca [BZ] 8 ABa
Perdasdefogu [NU] 46 Ca
Pereta [GR] 22 Cb
Perfugas [SS] 44 Bba
Pérgine Valdarno [AR] 20 Ab
Pérgine Valsugana [TN] 6 Db
Pérgola [PU] 20 Cb
Peri [VR] 12 Da
Perinaldo [IM] 16 Bb
Perosa Argentina [TO] 10 ABb
Pertosa [SA] 30 Dab
Perúgia [PG] 24 Aa
Pésaro [PU] 20 Cb
Pescara [PE] 24 Db
Pescasséroli [AQ] 26 Da
Pesche [IS] 28 Aa
Peschici [FG] 28 Da
Peschiera del Garda [VR] 12 Ca
Péscia [PT] 18 Cb
Péscia, la– [FG] 28 Cb
Pescina [AQ] 26 Da
Pescocostanzo [AQ] 26 Da
Pescolanciano [IS] 28 Aa
Pescorocchiano [RI] 24 Bb
Pesco Sannita [BN] 28 Bb
Pesio, Certosa di– [CN] 16 Ba

Pessinetto [TO] 10 Ba
Petilia Policastro [KR] 36 Ca
Petina [SA] 30 Db
Petralia Sottana [PA] 38 Ab
Petrella Salto [RI] 24 Bb
Petríano [PU] 20 Cb
Petritoli [AP] 24 Ca
Petroná [CZ] 36 Ca
Peverango [CN] 16 Ba
Pezzolo Valle Uzzone [CN] 16 Ca
Pflersch / Fléres [BZ] 6 Da
Piacenza [PC] 12 Bb
Piadena [CR] 12 Cb
Piaggine [SA] 30 Db
Piággio di Valmara [VB] 4 Db
Piana Crixia [SV] 16 Ca
Piana degli Albanesi [PA] 42 Ca
Pianazzo [SO] 6 Aa
Pian Camuno [BS] 12 Ba
Piancastagnaio [SI] 22 Da
Piancavallo [PN] 8 Bb
Pianche [CN] 16 Ba
Pian d'Alma [GR] 22 Ba
Piandelagotti [MO] 18 Ca
Pian della Mussa [TO] 10 ABa
Piandimeleto [PU] 20 Bb
Piane Crati [CS] 36 BCa
Pianello [AN] 20 Cb
Pianello [PU] 20 Bb
Pianfei [CN] 16 Ba
Piani [UD] 8 Cab
Piani Resinelli [LC] 6 Ab
Piano [SV] 16 Ca
Piano della Pieve [PG] 24 Aa
Pianora [BO] 18 Da
Pianosa [LI] 22 Ab
Piansano [VT] 22 Db
Piastre, Le– [PT] 18 Cb
Piazza al Serchio [LU] 18 Ca
Piazza Armerina [EN] 40 Ba
Piazzatorre [BG] 6 Bb
Piazzola sul Brenta [PD] 14 Aa
Piccione [PG] 24 Aa
Picerno [PZ] 32 Ba
Pico [FR] 26 Cb
Piedicavallo [BI] 4 Cb
Piedimonte Etneo [CT] 38 BCb
Piedimonte Matese [CE] 28 Ab
Piedimonte San Germano [FR] 26 CDb
Piedimulera [VB] 4 Cb
Piedipaterno [PG] 24 Ba
Piegaro [PG] 22 Da
Pienza [SI] 22 Da
Pierantonio [PG] 24 Aa
Pietrabbondante [IS] 28 Aa
Pietracamela [TE] 24 Cb
Pietragalla [PZ] 32 Ba
Pietra Ligure [SV] 16 Ca
Pietralunga [PG] 24 Ba
Pietrapáola [CS] 36 Ca
Pietrapertosa [PZ] 32 Ca
Pietraperzía [EN] 40 Ba
Pietraróia [BN] 28 Ab
Pietrasanta [LU] 18 Bb
Pieve [SI] 22 Da
Pieve al Toppo [AR] 20 Ab
Pieve del Cairo [PV] 10 Db

Pieve di Cadore [BL] 8 Ba
Pieve di Ledro [TN] 6 Cb
Pieve di Livinallongo [BL] 8 Aa
Pieve di Teco [IM] 16 Ca
Pievepélago [MO] 18 Ca
Pieve Santo Stéfano [AR] 20 Bb
Pieve Tesino [TN] 8 Ab
Pieve Torina [MC] 24 Ba
Píglio [FR] 26 Ca
Pigna [IM] 16 Bb
Pignataro Maggiore [CE] 28 Ab
Pignone [SP] 18 Ba
Pila [AO] 4 Bb
Pila [RO] 14 Bb
Pilastro [PR] 12 Cb
Pinerolo [TO] 10 Bb
Pinetamare [CE] 30 ABa
Pineto [TE] 24 Db
Pinzano al Tagliamento [PN] 8 Cb
Pinzolo [TN] 6 Cb
Pióbbico [PU] 20 Bb
Piombino [LI] 22 Ba
Piossasco [TO] 10 Bb
Piove di Sacco [PD] 14 Ba
Piovene Rocchette [VI] 12 Da
Piras [SS] 44 Cb
Pisa [PI] 18 Cb
Pisciotta [SA] 30 Db
Piscità [ME] 38 Ca
Pisogne [BS] 6 Bb
Pisoniano [ROMA] 26 Ba
Pisticci [MT] 32 Ca
Pistóia [PT] 18 Cb
Pitigliano [GR] 22 Db
Pizzighettone [CR] 12 Ba
Pizzo [VV] 36 Bb
Pízzoli [AQ] 24 Bb
Plancios [BZ] 8 Aa
Plati [RC] 36 Bb
Plätzwiesen / Prato Piazza [BZ] 8 Aa
Ploàghe [SS] 44 Bb
Pocol [BL] 8 Ba
Poetto [CA] 46 Cb
Pofi [FR] 26 Cb
Poggiardo [LE] 34 Db
Poggibonsi [SI] 18 Db
Póggio [PG] 24 Ba
Poggioferro [GR] 22 Cb
Póggio Mirteto [RI] 24 Ab
Poggio Rusco [MN] 12 Db
Poirino [TO] 10 Cb
Polcenigo [PN] 8 Bb
Polesella [RO] 14 Ab
Polesine Parmense [PR] 12 Bb
Policoro [MT] 32 Ca
Polignano a Mare [BA] 34 Ba
Polistena [RC] 36 Bb
Polizzi Generosa [PA] 42 Ca
Polla [SA] 30 Db
Pollenza [MC] 24 Ca
Póllica [SA] 30 Cb
Pollone [BI] 10 Ca
Pomarance [PI] 22 Ba
Pombia [NO] 10 Da
Pomézia [ROMA] 26 Ba
Pomigliano d'Arco [NA] 30 Ba
Pompei [NA] 30 BCa

Pompiano [BS] 12 Ba
Pomposa [FE] 14 Bb
Ponsacco [PI] 18 Cb
Pont [AO] 10 Ba
Pontassieve [FI] 18 Db
Pont–Canavese [TO] 10 Ba
Ponte a Elsa [PI] 18 Db
Ponte a Moriano [LU] 18 Cb
Ponte Arche [TN] 6 Db
Pontebba [UD] 8 Da
Pontecagnano [SA] 30 Ca
Pontechianale [CN] 10 Ab
Ponte Chiasso [CO] 6 Ab
Pontecorvo [FR] 26 CDb
Pontedecimo [GE] 16 Ba
Ponte dell'Olio [PC] 12 ABb
Pontedera [PI] 18 Cb
Ponte di Barbarano [VI]
   14 Aa
Ponte di Legno [BS] 6 Cb
Ponte di Masino [FI] 18 Cb
Ponte di Piave [TV] 14 Ba
Ponte Gardena / Waidbruck
   [BZ] 8 Aa
Pontegnorí [PI] 22 Ba
Pontelagoscuro [FE] 14 Ab
Pontelandolfo [BN] 28 Ab
Ponte Mostizzolo [TN] 6 Da
Ponte nelle Alpi [BL] 8 Bb
Ponte Olivo [CL] 40 Bb
Pontepetri [PT] 18 Db
Ponte Ribellasca [VB] 4 Db
Ponteríccioli [PU] 20 Bb
Ponte San Luigi [IM] 16 Bb
Ponte San Pietro [BG] 12 Ba
Ponte Tresa [VA] 4 Db
Pontevico [BS] 12 Ba
Pontínia [LT] 26 Bb
Pontinvrea [SV] 16 Ca
Pontrémoli [MS] 18 Ba
Pont–Saint–Martin [AO]
   10 Ca
Ponza [LT] 26 Bb
Ponzone [AL] 10 Cb
Popoli [PE] 24 Cb
Poppi [AR] 20 Ab
Populonia [LI] 22 Ba
Porano [TR] 22 Bb
Porcari [LU] 18 Cb
Porcia [PN] 8 Bb
Pordenone [PN] 8 Cb
Porlezza [CO] 6 Ab
Porretta Terme [BO] 18 Da
Pórtici [NA] 30 Ba
Pórtico di Romagna [FC]
   20 Ab
Porto Azzurro [LI] 22 Ba
Portobello di Gallura [SS]
   44 Ca
Porto Botte [CA] 46 Bb
Portocannone [CB] 28 Ba
Porto Ceresio [VA] 4 Db
Porto Cervo [SS] 44 Ca
Porto Cesareo [LE] 34 Cb
Porto Clementino [VT]
   22 Bb
Porto Corallo [CA] 46 CDb
Porto d'Áscoli [AP] 24 Ca
Porto di Levante [ME] 38 Ba
Porto Empedocle [AG] 42 Cb
Porto Ercole [GR] 22 Cb
Portoferráio [LI] 22 Ba
Portofino [GE] 18 Aa
Porto Garibaldi [FE] 14 Bb

Portogruaro [VE] 8 Cb
Portomaggiore [FE] 14 Ab
Porto Maurizio [IM] 16 Cb
Portopalo [SR] 40 Cb
Porto Recanati [MC] 20 Bb
Porto San Giórgio [AP] 24 Ca
Porto Sant'Elpídio [AP] 24 Ca
Porto Santo Stefano [GR]
   22 Cb
Portoscuso [CA] 46 Ab
Porto Tolle [RO] 14 Bb
Porto Tórres [SS] 44 ABa
Portovenere [SP] 18 Ba
Posada [NU] 44 Db
Positano [SA] 30 Ba
Possagno [TV] 8 Ab
Posta [RI] 24 Bb
Postal / Burgstall [BZ] 6 Da
Potenza [PZ] 32 Ba
Potenza Picena [MC] 24 Ca
Poverella [CS] 36 Ca
Povíglio [RE] 12 Cb
Pozza di Fassa [TN] 8 Aa
Pozzallo [RG] 40 Cb
Pozzolo Formigaro [AL] 10
   Db
Pozzomaggiore [SS] 44 Bb
Pozzuoli [NA] 30 Ba
Pozzuolo [SI] 22 Ba
Pozzuolo del Friuli [UD]
   8 Cb
Prad am Stilfserjoch / Prato
   allo Stélvio [BZ] 6 Ca
Pradléves [CN] 16 Ba
Pragelato [TO] 10 Ab
Prags / Bráies [BZ] 8 Ba
Práia a Mare [CS] 32 Bb
Praia a Mare [TA] 34 Bb
Pratella [CE] 26 Db
Praticello [RE] 12 Cb
Prato [GE] 16 Ba
Prato [PO] 18 Db
Prato [UD] 8 Ca
Prato alla Drava / Winnebach
   [BZ] 8 Ba
Prato allo Stélvio / Prad am
   Stilfserjoch [BZ] 6 Ca
Prato di Résia [UD] 8 Dab
Prátola Peligna [AQ] 26 Da
Pratola Serra [AV] 30 Ca
Prato Piazza / Plätzwiesen
   [BZ] 8 Ba
Prazzo [CN] 16 Aa
Preci [PG] 24 Ba
Predáppio [FC] 20 Aa
Predazzo [TN] 8 Ab
Predosa [AL] 10 Db
Premana [LC] 6 Ab
Premeno [VB] 4 Db
Premilcuore [FC] 20 Ab
Pré–Saint–Didier [AO] 4 Ab
Presenzano [CE] 26 Db
Presicce [LE] 34 Db
Prevalle [BS] 12 Ca
Prignano sulla Secchia [MO]
   18 Ca
Primolano [VI] 8 Ab
Priólo Gargallo [SR] 40 Dab
Priverno [LT] 26 Cb
Prizzi [PA] 42 Ca
Procchio [LI] 22 Aa
Prodo [TR] 24 Aa
Prunetta [PT] 18 Cb
Puglianello [BN] 28 Ab

Puianello [RE] 12 Cb
Pula [CA] 46 Bb
Pulsano [TA] 34 Bb
Punta Ala [GR] 22 Ba
Putifigari [SS] 44 Bb
Putignano [BA] 34 Ba
Putzu Idu [OR] 46 Aa

Q

Quadri [CH] 28 Aa
Quarata [AR] 20 Ab
Quargnento [AL] 10 Db
Quartesana [FE] 14 Ab
Quarto [AT] 10 Cb
Quarto [NA] 30 Ba
Quarto [PC] 12 Bb
Quarto dei Mille [GE] 16 Da
Quartu Sant'Elena [CA]
   46 Cb
Quattro Castella [RE] 12 Cb
Quattropani [ME] 38 Ba
Quercianella [LI] 18 Cb
Quiliano [SV] 16 Ca
Quincinetto [TO] 10 Ca
Quinzano d'Oglio [BS] 12 Ba

R

Rácale [LE] 34 Db
Racalmuto [AG] 42 Db
Racconigi [CN] 10 Bb
Radda in Chianti [SI] 18 Db
Raddusa [CT] 40 Ba
Radicofani [SI] 22 Ba
Radicóndoli [SI] 22 Ca
Raffadali [AG] 42 CDb
Raggiolo [AR] 20 Ab
Ragusa [RG] 40 Cb
Rain in Taufers / Riva di Túres
   [BZ] 8 Ba
Ramacca [CT] 40 Ca
Ramiseto [RE] 18 BCa
Randazzo [CT] 38 Bb
Rapallo [GE] 18 Aa
Rapolano Terme [SI] 22 Da
Rapolla [PZ] 28 Cb
Rasen Antholz / Rasun
   Anterselva [BZ] 8 Ba
Rassina [AR] 20 Ab
Rasun Anterselva / Rasen
   Antholz [BZ] 8 Ba
Ravanusa [AG] 42 Db
Ravascletto [UD] 8 Ca
Ravello [SA] 30 Ca
Ravenna [RA] 20 Ba
Reana del Roiale [UD] 8 Cb
Recanati [MC] 20 Bb
Recco [GE] 18 Aa
Recoaro Terme [VI] 12 Da
Redena [FE] 12 Db
Redipúglia [GO] 8 Db
Redona [PN] 8 Cb
Regalbuto [EN] 38 Bb
Regatola [CO] 6 Ab
Reggello [FI] 20 Ab
Reggio di Calábria [RC] 38
   CDb
Reggiolo [RE] 12 Cb
Réggio nell'Emília [RE] 12 Cb

Resana [TV] 14 Aa
Reschen / Resia [BZ] 6 Ca
Resia / Reschen [BZ] 6 Ca
Resiutta [UD] 8 Cab
Revello [CN] 10 Bb
Rezzato [BS] 12 Ca
Rezzoaglio [GE] 18 Aa
Rhêmes–Notre–Dame [AO]
   10 Aa
Rho [MI] 12 Aa
Ribera [AG] 42 Cb
Ricadi [VV] 36 ABb
Riccia [CB] 28 Bb
Ríccio [AR] 22 Da
Riccione [RN] 20 BCb
Riccovolto [MO] 18 Ca
Ricigliano [SA] 30 Da
Ridanna / Ridnaun [BZ] 6 Da
Ridnaun / Ridanna [BZ] 6 Da
Riesi [CL] 40 Ba
Rieti [RI] 24 Bb
Rignano Flamínio [ROMA]
   24 Ab
Rignano sull'Arno [FI] 20 Ab
Rigoso [PR] 18 Ba
Rima–San Giuseppe [VC]
   4 Cb
Rimasco [VC] 4 Cb
Rímini [RN] 20 Bab
Riobianco / Weissenbach
   [BZ] 8 Aa
Rio di Pusteria / Mühlbach
   [BZ] 8 Aa
Riola Sardo [OR] 46 Ba
Riolo Terme [RA] 20 Aa
Rio Marina [LI] 22 Ba
Rionero in Vulture [PZ]
   28 Cb
Rionero Sannitico [IS] 26 Da
Ripacándida [PZ] 28 Cb
Riparbella [PI] 18 Cb
Ripa Teatina [CH] 24 Db
Ripatransone [AP] 24 Ca
Ripi [FR] 26 Ca
Riposto [CT] 38 Cb
Riva del Garda [TN] 6 Db
Riva di Túres / Rain in Taufers
   [BZ] 8 Ba
Rivalta di Torino [TO] 10 Bb
Rivanazzano [PV] 12 Ab
Rivarolo Canavese [TO]
   10 Ba
Riva Valdobbia [VC] 4 Cb
Rivello [PZ] 32 Bb
Rivergaro [PC] 12 Ab
Rivignano [UD] 8 Cb
Rívoli [TO] 10 Bb
Rizziconi [RC] 36 Bb
Ro [FE] 14 Ab
Roana [VI] 8 Ab
Róbbio [PV] 10 Da
Robecco d'Óglio [CR] 12 Ba
Roburent [CN] 16 Ca
Rocca [ME] 38 Bb
Roccabianca [PR] 12 Bb
Roccadaspide [SA] 30 Db
Rocca di Cámbio [AQ]
   24 Cb
Rocca di Mezzo [AQ] 24 Cb
Rocca di Neto [KR] 36 Ca
Rocca di Papa [ROMA] 26 Ba
Roccafranca [BS] 12 Ba
Rocca Imperiale [CS] 32 Cb
Roccabegna [GR] 22 Ca

Roccalumera [ME] **38** Cb
Rocca Malatina [MO] **18** Da
Roccamena [PA] **42** Ca
Roccamonfina [CE] **26** Db
Roccanova [PZ] **32** Ca
Rocca Piétore [BL] **8** Aa
Rocca Priora [AN] **20** Db
Roccaraso [AQ] **26** Da
Roccaromana [CE] **28** Ab
Rocca San Casciano [FC]
20 Aab
Roccasecca [FR] **26** CDb
Roccasecca dei Volsci [LT] **26**
Cb
Roccasicura [IS] **26** Da
Roccastrada [GR] **22** Ca
Roccella Iónica [RC] **36** Cb
Rocchetta Ligure [AL] **12** Ab
Rocchetta Sant'António [FG]
28 Cb
Rodi Gargánico [FG] **28** Ca
Roggiano Gravina [CS]
32 Cb
Rogliano [CS] **36** Ba
Rolo [RE] **12** CDb
Roma [ROMA] **26** Ba
Romagnano Sesia [NO]
10 Ca
Romana [SS] **44** Bb
Romano di Lombardia [BG]
12 Ba
Rometta [ME] **38** Ca
Roncade [TV] **14** Ba
Roncadelle [BS] **12** Ba
Roncegno [TN] **8** Ab
Ronchi dei Legionari [GO]
8 Db
Ronciglione [VT] **24** Ab
Roncobello [BG] **6** Bb
Roncoferraro [MN] **12** Db
Ronco Scrivia [GE] **10** Db
Rondelli [GR] **22** Ba
Rosa [VI] **14** Ba
Rosarno [RC] **38** Ca
Rosazza [BI] **10** Ca
Roscigno [SA] **30** Db
Roselle [GR] **22** Ca
Roseto Capo Spúlico [CS] **32**
CDb
Roseto degli Abruzzi [TE]
24 Db
Roseto Valfortore [FG] **28** Bb
Rosignano Maríttimo [LI]
18 Cb
Rosignano Solvay [LI] **18** Cb
Rosolini [SR] **40** Cb
Rossano [CS] **32** Db
Rossiglione [GE] **10** Db
Rotella [AP] **24** Ca
Rotonda [PZ] **32** Cb
Rotondella [MT] **32** Ca
Rovato [BS] **12** Ba
Rovellasca [CO] **6** Ab
Roverbella [MN] **12** Ca
Roveretto [TN] **6** Db
Roverето sulla Secchia [MO]
12 Db
Roviano [ROMA] **26** Ba
Rovigo [RO] **14** Ab
Rubiera [RE] **12** Cb
Ruffano [LE] **34** Db
Rúfina [FI] **20** Ab
Russi [RA] **20** ABa
Ruta [GE] **18** Aa

Rutigliano [BA] **34** Ba
Rutino [SA] **30** Cb
Ruvo di Púglia [BA] **34** Aa

S

Sabáudia [LT] **26** Bb
Sabbioneta [MN] **12** Cb
Sacile [PN] **8** Bb
Saint Oyent [AO] **4** Bb
Saint Rhémy–en–Bosses [AO]
4 ABb
Saint Vincent [AO] **4** Bb
Sala Bolognese [BO] **12** Db
Sala Consilina [SA] **32** Ba
Salandra [MT] **32** Ca
Salcito [CB] **28** Aa
Sale [AL] **10** Db
Salerni [TP] **42** Ba
Salerno [SA] **30** Ca
Sálice Salentino [LE] **34** Cb
Salice Terme [PV] **10** Db
Saline di Volterra [PI] **22** Ba
Salivoli [LI] **22** Ba
Salò [BS] **12** Ca
Salorno / Salurn [BZ] **6** Db
Salsomaggiore Terme [PR] **12**
Bb
Saltara [PU] **20** Cb
Saludécio [RN] **20** Cb
Salurn / Salorno [BZ] **6** Db
Saluzzo [CN] **10** Bb
Salvaterra [RE] **12** Cb
Samassi [CA] **46** Bb
Sambiase [CZ] **36** Ba
Sambuca di Sicilia [AG]
42 Ca
Sambuca Pistoiese [PT **18** Da
Sammichele di Bari [BA]
34 Ba
Samo [RC] **38** Db
Sampèyre [CN] **10** Bb
Sampierdarena [GE] **16** Da
Sampieri [RG] **40** Cb
Samugheo [OR] **46** Ba
San Bartolomeo in Galdo
[BN] **28** Bb
San Bellino [RO] **14** Ab
San Benedetto del Tronto
[AP] **24** Ca
San Benedetto in Alpe [FC]
20 Ab
San Benedetto Po [MN]
12 Db
San Biágio di Callalta [TV]
14 Ba
San Biágio Saracinisco [FR]
26 Da
San Biase [CB] **28** Aa
San Bonifácio [VR] **12** Da
San Candido / Innichen [BZ]
8 Aa
San Casciano dei Bagni [SI]
22 Ca
San Casciano in Val di Pesa
[FI] **18** Da
San Cassiano / Sankt Kassian
[BZ] **8** Aa
San Cataldo [CL] **42** Db
San Cataldo [LE] **34** Db
San Cesário sul Panaro [MO]
18 Da

San Chírico Raparo [PZ]
32 Ca
San Cipirello [PA] **42** Ca
San Clemente [BO] **20** Aa
San Colombano [BS] **6** Cb
San Colombano al Lambro
[MI] **12** Aa
San Cono [CT] **40** Ba
San Costanzo [PU] **20** Cb
San Damiano d'Asti [AT]
10 Cb
San Daniele del Friuli [UD]
8 Cb
San Daniele Po [CR] **12** Bb
San Demétrio Corone [CS]
32 Cb
San Demétrio ne' Vestini [AQ]
24 Cb
Sand in Taufers / Campo
Túres [BZ] **8** Aa
San Donaci [BR] **34** Cb
San Donà di Piave [VE]
14 Ba
San Donato Val di Comino
[FR] **26** Da
San Donnino [MO] **18** Da
San Fele [PZ] **30** Da
San Felice a Cancello [CE] **30**
Ba
San Felice Circeo [LT]
26 Cb
San Felice sul Panaro [MO]
12 Db
San Ferdinando di Púglia
[FG] **28** Db
San Fili [CS] **36** Ba
San Fratello [ME] **38** Bb
San Gavino Monreale [CA]
46 Ba
San Gémini [TR] **24** Ab
San Germano Vercellese [VC]
10 Ca
San Giácomo / Sankt Jakob
[BZ] **8** Aa
San Gimignano [SI] **18** Db
San Ginésio [MC] **24** BCa
Sanginето [CS] **32** Bb
San Giórgio [BA] **34** Ba
San Giórgio a Cremano [NA]
30 Ba
San Giórgio a Liri [FR]
26 Db
San Giórgio di Livenza [VE]
14 Ca
San Giórgio di Nogaro [UD]
8 Cb
San Giórgio di Piano [BO]
12 Db
San Giórgio in Bosco [PD]
14 Aa
San Giorgio Iónico [TA] **34** Bb
San Giórgio la Molara [BN]
28 Bb
San Giórgio Piacentino [PC]
12 Bb
San Giovanni [SV] **16** CDa
San Giovanni Bianco [BG] **12**
Ba
San Giovanni d'Asso [SI]
22 CDa
San Giovanni di Sinis [OR]
46 Aa
San Giovanni Incárico [FR]
26 Cb

San Giovanni in Fiore [CS]
36 Ca
San Giovanni in Persiceto
[BO] **12** Db
San Giovanni la Punta [CT]
38 Bb
San Giovanni Reatino [RI]
24 Ab
San Giovanni Rotondo [FG]
28 Ca
San Giovanni Suérgiu [CA]
46 Bb
San Giovanni Valdarno [AR]
20 Ab
San Girolamo [RE] **12** Cb
San Giuliano Terme [PI]
18 Cb
San Giuseppe [FE] **14** Bb
San Giuseppe Vesuviano [NA]
30 Ba
San Giustino [PG] **20** Bb
San Godenzo [FI] **20** Ab
San Gregório [AQ] **24** Cb
San Gregório di Catania [CT]
40 CDa
San Gregório Magno [SA] **30**
Da
San Gregório Matese [CE]
28 Ab
San Guido [LI] **22** Ba
Sankt Christina in Gröden /
Santa Cristina Valgardena
[BZ] **8** Aa
Sankt Gertraud / Santa
Geltrude [BZ] **6** Da
Sankt Jakob / San Giácomo
[BZ] **8** Aa
Sankt Kassian / San Cassiano
[BZ] **8** Aa
Sankt Leonhard in Passeier /
San Leonardo in Passíria
[BZ] **6** Da
Sankt Lorenzen / San Lorenzo
di Sebato [BZ] **8** Aa
Sankt Lugan / San Lugano
[BZ] **8** Ab
Sankt Magdalena / Santa
Maddalena Vallalta [BZ]
8 Ba
Sankt Peter / San Pietro [BZ]
8 Aa
Sankt Ulrich in Gröden /
Ortisei [BZ] **8** Aa
Sankt Valentin auf der Haide /
San Valentino alla Muta
[BZ] **6** Ca
Sankt Walburg / Santa
Valburga [BZ] **6** Da
San Lázzaro di Sávena [BO]
18 Da
San Leo [PU] **20** Bb
San Leonardo in Passíria /
Sankt Leonhard in
Passeier [BZ] **6** Da
San Leonardo Valcellina [PN]
8 Cb
San Lorenzo [RC] **38** Db
San Lorenzo al Mare [IM]
16 Cb
San Lorenzo Bellizzi [CS]
32 Cb
San Lorenzo di Sebato /
Sankt Lorenzen [BZ]
8 Aa

San Lorenzo in Banale [TN] 6 Db
San Lorenzo in Campo [PU] 20 Cb
San Lorenzo Nuovo [VT] 22 Db
San Luca [RC] 38 Da
San Lúcido [CS] 36 Ba
San Lugano / Sankt Lugan [BZ] 8 Ab
Sanluri [CA] 46 Ba
San Lussorio [OR] 44 Bb
San Marcello Pistoiese [PT] 18 Cab
San Marco [SA] 30 Cb
San Marco Argentano [CS] 32 Cb
San Marco dei Cavoti [BN] 28 Bb
San Marco Evangelista [CE] 30 Ba
San Marco in Lámis [FG] 28 Ca
San Marino [RSM] 20 Bb
San Martino [PI] 22 Ba
San Martino Buon Albergo [VR] 12 Ba
San Martino dei Colli [PG] 24 Aa
San Martino di Castrozza [TN] 8 Ab
San Martino in Río [RE] 12 CDb
San Martino Spino [MO] 12 Db
San Marzano di San Giuseppe [TA] 34 Cb
San Maurizio Canavese [TO] 10 Ba
San Michele [IM] 16 Bb
San Michele all'Adige [TN] 6 Db
San Michele Mondoví [CN] 16 Ca
San Michele Salentino [BR] 34 Ca
San Miniato [PI] 18 Cb
San Nazario [VI] 8 Ab
Sannazzaro de' Burgondi [PV] 10 Db
Sannicandro di Bari [BA] 34 Aa
Sannicandro Gargánico [FG] 28 Ca
Sannícola [LE] 34 Db
San Nicola Baronia [AV] 30 Da
San Nicoló [FE] 14 Ab
San Nicoló d'Arcidano [OR] 46 Ba
San Nicoló Gerrei [CA] 46 Cab
San Pancrazio [AR] 20 Ab
San Pancrazio [BZ] 6 Da
San Pancrázio Salentino [BR] 34 Cb
San Paolo di Civitate [FG] 28 Ba
San Pellegrino Terme [BG] 6 Bb
San Piero a Sieve [FI] 18 Db
San Piero Patti [ME] 38 Bb
San Pietro [CT] 40 Bb

San Pietro / Sankt Peter [BZ] 8 Ba
San Pietro al Natisone [UD] 8 Db
San Pietro in Casale [BO] 12 Db
San Pietro in Gu [PD] 14 Aa
San Pietro Magisano [CZ] 36 Ca
San Pietro Vara [SP] 18 Aa
San Pietro Vernótico [BR] 34 Cb
San Pio delle Camere [AQ] 24 Db
San Roberto [BS] 12 BCa
San Polo dei Cavalieri [RM] 26 Ba
San Polo d'Enza [RE] 12 Cb
San Priamo [CA] 46 Cb
San Prisco [CE] 28 Ab
San Próspero [MO] 12 Db
San Prospero [PR] 12 Cb
San Quírico [GR] 22 Db
San Quírico d'Órcia [SI] 22 Da
San Remo [IM] 16 Bb
San Roberto [RC] 38 CDa
San Romano [PI] 18 Cb
San Salvatore Monferrato [AL] 10 Db
San Salvo [CH] 28 Aa
San Sebastiano Curone [AL] 12 Ab
San Secondo [PG] 20 Bb
San Secondo Parmense [PR] 12 Bb
Sansepolcro [AR] 20 Bb
San Severino Lucano [PZ] 32 Cb
San Severino Marche [MC] 24 Ba
San Severo [FG] 28 Ca
San Sosti [CS] 32 Cb
Santa Caterina dello Iónio [CZ] 36 Cb
Santa Caterina di Pittinuri [OR] 46 Ba
Santa Caterina Valfurva [SO] 6 Ca
Santa Caterina Villarmosa [CL] 42 Db
Santa Cesarea Terme [LE] 34 Db
Santa Cristina [PV] 12 Aab
Santa Cristina Valgardena / Sankt Christina in Gröden [BZ] 8 Aa
Santa Croce Camerina [RG] 40 Bb
Santa Croce di Magliano [CB] 28 Ba
Santadi [CA] 46 Bb
Sant'Adriano [FI] 20 Aa
Santa Fiora [GR] 22 Cb
Sant'Ágata [ME] 38 Ca
Sant'Ágata de' Goti [BN] 28 Ab
Sant'Ágata del Bianco [RC] 38 Db
Sant'Ágata di Militello [ME] 38 Bb
Sant'Ágata Féltria [PU] 20 Bb
Sant'Ágata sui Due Golfi [NA] 30 Ba

Sant'Ágata sul Santerno [RA] 20 Aa
Santa Geltrude / Sankt Gertraud [BZ] 6 Da
Santa Giusta [OR] 46 Ba
Santa Giustina [BL] 8 Bb
Sant'Agostino [FE] 12 Db
Sant'Alberto [RA] 20 Ba
Sant'Alessio Sículo [ME] 38 Cb
Sant'Alfio [CT] 38 Cb
Santa Lucia [NU] 44 Db
Santa Maddalena Vallata / Sankt Magdalena [BZ] 8 Ba
Santa Margherita di Bélice [AG] 42 Ca
Santa Margherita Ligure [GE] 18 Ab
Santa Maria al Bagno [LE] 34 CDb
Santa Maria a Vico [CE] 30 Ba
Santa María Cápua Vétere [CE] 30 Ba
Santa Maria Coghinas [SS] 44 Ba
Santa Maria d'Ángeli [PG] 24 Aa
Santa Maria della Versa [PV] 12 Ab
Santa Maria delle Grazie [AR] 20 Ab
Santa Maria di Castellabate [SA] 30 Cb
Santa Maria di Lícodia [CT] 38 Bb
Santa Maria di Taro [PR] 18 Aa
Santa Maria Maggiore [VB] 4 Db
Santa Maria Nuova [AN] 20 Bb
Santa Marina Salina [ME] 38 Ba
Santa Marinella [ROMA] 22 Bb
Sant'Ambrógio di Valpolicella [VR] 12 Ca
Sant'Ambrogio sul Garigliano [FR] 26 Db
San Tammaro [CE] 30 Ba
Sant'Anastasia [NA] 30 Ba
Sant'Andrea [CE] 26 Db
Sant'Andrea Bagni [PR] 12 Bb
Sant'Andrea di Conza [AV] 30 Da
Sant'Andrea Fríus [CA] 46 Cb
Sant'Angelo [VV] 36 Bb
Sant'Angelo dei Lombardi [AV] 30 Da
Sant'Angelo in Vado [PU] 20 Bb
Sant'Angelo Lodigiano [LO] 12 Aa
Santa Ninfa [TP] 42 Ba
Sant'Anna di Valdieri [CN] 16 Ba
Sant'Ántimo [NA] 30 Ba
Sant'Antíoco [CA] 46 Ab
Sant'Antonino di Susa [TO] 10 Ba

Sant'Antonio [AP] 24 Ca
Sant'António [SS] 44 Ca
Sant'Arcangelo [PZ] 32 Ca
Santarcángelo di Romagna [RN] 20 Ba
Santa Severina [KR] 36 Ca
Santa Sofia [FC] 20 Ab
Santa Teresa di Riva [ME] 38 Cb
Santa Teresa Gallura [SS] 44 Ca
Santa Valburga / Sankt Walburg [BZ] 6 Da
Santa Vittoria [RE] 12 Cb
Sant'Égidio alla Vibrata [TE] 24 Ca
Sant'Élia a Pianisi [CB] 28 Ba
Sant'Élia Fiumerápido [FR] 26 Db
Sant'Elpídio a Mare [AP] 24 Ca
San Teodoro [NU] 44 Dab
Santéramo in Colle [BA] 32 Da
Sant'Eufémia a Maiella [PE] 26 Da
Sant'Eufémia d'Aspromonte [RC] 38 Da
Sant'Eufémia Lamézia [CZ] 36 Ba
Santhià [VC] 10 Ca
Sant'Ilário d'Enza [RE] 12 Cb
Sant'Omero [TE] 24 Ca
Sant'Omobono Imagna [BG] 6 ABb
Santopadre [FR] 26 CDab
Sant'Oreste [ROMA] 24 Ab
Santo Spírito [BA] 34 Aa
Santo Stéfano Belbo [CN] 10 Cb
Santo Stefano d'Aveto [GE] 18 Aa
Santo Stefano di Cadore [BL] 8 Ba
Santo Stefano di Camastra [ME] 38 Ab
Santo Stefano di Magra [SP] 18 Ba
Santo Stefano di Sessánio [AQ] 24 Cb
Santo Stefano in Aspromonte [RC] 38 Da
Santo Stéfano Quisquína [AG] 42 Ca
Santu Lussúrgiu [OR] 46 Ba
Sant'Urbano [TR] 24 Ab
San Valentino alla Muta / Sankt Valentin auf der Haide [BZ] 6 Ca
San Valentino in Abruzzo Citeriore [PE] 24 Db
San Venanzio [BO] 12 Db
San Venanzo [TR] 24 Aa
San Vero Milis [OR] 46 Ba
San Vincenzo [LI] 22 Ba
San Vincenzo Valle Roveto [AQ] 26 Ca
San Vito [AV] 28 Bb
San Vito [CA] 46 Cb
San Vito al Tagliamento [PN] 8 Cb
San Vito Chietino [CH] 28 Aa

San Vito dei Normanni [BR] 34 Ca
San Vito di Cadore [BL] 8 Ba
San Vito lo Capo [TP] 42 Ba
San Vito Romano [ROMA] 26 Ba
San Vittore [FC] 20 Ba
San Vivaldo [FI] 18 CDb
Sanza [SA] 30 Db
Saone [TN] 6 Cb
Sappada [BL] 8 Ca
Sapri [SA] 32 Bb
Sarche [TN] 6 Db
Sárdara [CA] 46 Ba
Sarentino / Sarntal [BZ] 6 Da
Sarezzo [BS] 12 BCa
Sarmato [PC] 12 Ab
Sarnano [MC] 24 Ba
Sarnico [BG] 12 Ba
Sarno [SA] 30 Ca
Sarntal / Sarentino [BZ] 6 Da
Saronno [VA] 12 Aa
Sarroch [CA] 46 Bb
Sarteano [SI] 22 Da
Sartirana Lomellina [PV] 10 Db
Sarule [NU] 44 Cb
Sarzana [SP] 18 Ba
Sassano [SA] 30 Db
Sassari [SS] 44 Bb
Sassello [SV] 16 CDa
Sassetta [LI] 22 Ba
Sassocorvaro [PU] 20 Bb
Sasso d'Ombrone [GR] 22 Ca
Sassofeltrio [PU] 20 Bb
Sassoferrato [AN] 20 Cb
Sasso Marconi [BO] 18 Ca
Sassuolo [MO] 18 Ca
Saturnia [GR] 22 Cb
Sáuris [UD] 8 Ca
Sauze d'Oulx [TO] 10 Ab
Sava [TA] 34 Cb
Savelletri [BR] 34 Ba
Savelli [KR] 36 Ca
Savelli [PG] 24 Bab
Savigliano [CN] 10 Bb
Savignano sul Panaro [MO] 18 Ca
Savignano sul Rubicone [FC] 20 Ba
Savio [RA] 20 Ba
Saviore [BS] 6 Cb
Savona [SV] 16 CDa
Scafati [SA] 30 Ba
Scala [BO] 18 Ca
Scala Cavalli, Cantoniera– [SS] 44 Bb
Scaldasole [PV] 10 Db
Scalea [CS] 32 Bb
Scaletta Zancléa [ME] 38 Cb
Scandale [KR] 36 Ca
Scandiano [RE] 12 Cb
Scandriglia [RI] 24 Bb
Scanno [AQ] 26 Da
Scansano [GR] 22 Cb
Scanzano Ionico [MT] 32 Da
Scardovari [RO] 14 Bb
Scarperia [FI] 18 Db
Scáuri [LT] 26 Db

Scauri [TP] 42 ins.a
Scerni [CH] 28 Aa
Schéggia [PG] 20 BCb
Schilpário [BG] 6 Bb
Schio [VI] 12 Da
Schlanders / Silandro [BZ] 6 CDa
Schluderbach / Carbonin [BZ] 8 Ba
Schluderns / Sluderno [BZ] 6 Ca
Schnals / Senáles [BZ] 6 Da
Sciacca [AG] 42 Cb
Sciaves [BZ] 8 Aa
Scicli [RG] 40 Cb
Scigliano [CS] 36 BCa
Scilla [RC] 38 Da
Scoffera [GE] 18 Aa
Scoglitti [RG] 40 Bb
Scopello [VC] 4 Cb
Scordia [CT] 40 Ca
Scorrano [LE] 34 Db
Scorzè [VE] 14 Ba
Scorzo [SA] 30 Da
Scritto [PG] 24 Aa
Seano [PO] 18 Db
Sedegliano [UD] 8 Cb
Sedico [BL] 8 Bb
Sédilo [OR] 44 Bb
Sédini [SS] 44 Ba
Sedrina [BG] 6 Bb
Seggiano [GR] 22 Ca
Segni [ROMA] 26 Ba
Seis / Siusi [BZ] 8 Aa
Seiser Alpe / Alpe di Siusi [BZ] 8 Aa
Selargius [CA] 46 Cb
Sellano [PG] 24 Ba
Sellia Marina [CZ] 36 Ca
Selva di Cadore [BL] 8 Ba
Selva di Fasano [BR] 34 Ba
Selva di Progno [VR] 12 Da
Selva di Val Gardena / Wolkenstein in Gröden [BZ] 8 Aa
Selvino [BG] 6 Bb
Semproniano [GR] 22 CDab
Senáles / Schnals [BZ] 6 Da
Séneghe [OR] 46 Ba
Senerchia [AV] 30 Da
Senigállia [AN] 20 Cb
Sénis [OR] 46 Ba
Senise [PZ] 32 Cb
Sennori [SS] 44 Ba
Senorbì [CA] 46 Ca
Sepino [CB] 28 Ab
Sequals [PN] 8 Cb
Seravezza [LU] 18 Bb
Seregno [MI] 12 Aa
Seriate [BG] 12 Ba
Serina [BG] 6 Bb
Serino [AV] 30 Ca
Serle [BS] 12 Ca
Sermide [MN] 12 Db
Serracapriola [FG] 28 Ba
Serradifalco [CL] 42 Db
Serramanna [CA] 46 Bb
Serramazzoni [MO] 18 Ca
Serrara [NA] 30 Aa
Serra San Bruno [VV] 36 Bb
Serra San Quírico [AN] 20 Cb
Serravalle [PG] 24 Ba
Serravalle [RSM] 20 Bb

Serravalle Scrivia [AL] 10 Db
Serre [SA] 30 Da
Serrenti [CA] 46 Bab
Sersale [CZ] 36 Ca
Servigliano [AP] 24 Ca
Sessa Aurunca [CE] 26 Db
Sesta Gódano [SP] 18 Ba
Sestino [AR] 20 Bb
Sesto / Sexten [BZ] 8 Ba
Sesto Calende [VA] 4 Db
Sesto Fiorentino [FI] 18 Db
Sestola [MO] 18 Ca
Sesto San Giovanni [MI] 12 Aa
Sestriere [TO] 10 Ab
Sestri Levante [GE] 18 Aa
Sestri Ponente [GE] 16 Da
Settimo San Pietro [CA] 46 Cb
Settimo Torinese [TO] 10 Ba
Seùi [NU] 46 Ca
Seùlo [NU] 46 Ca
Sexten / Sesto [BZ] 8 Ba
Sezze [LT] 26 BCb
Sfercia [MC] 24 Ba
Sferro [CT] 40 Ca
Siamanna [OR] 46 Ba
Siano [CZ] 36 Ca
Sibari [CS] 32 Cb
Siculiana [AG] 42 Cb
Siculiana Marina [AG] 42 Cb
Siderno [RC] 36 Bb
Siena [SI] 22 Ca
Sigillo [PG] 24 Ba
Signa [FI] 18 Db
Silandro / Schlanders [BZ] 6 CDa
Silánus [NU] 44 Bb
Silíqua [CA] 46 Bb
Silla [BO] 18 Ca
Sillano [LU] 18 Ba
Silvana Mansio [CS] 36 Ca
Silvi Marina [TE] 24 Db
Simala [OR] 46 Ba
Simáxis [OR] 46 Ba
Simbario [VV] 36 Bb
Sinalunga [SI] 22 Da
Sindía [NU] 44 Bb
Siniscola [NU] 44 Db
Sinnai [CA] 46 Cb
Sinopoli [RC] 38 Da
Siracusa [SR] 40 Db
Sirmione [BS] 12 Ca
Sirolo [AN] 20 Db
Sistiana [TS] 14 Da
Siusi / Seis [BZ] 8 Aa
Siziano [PV] 12 Aa
Sluderno / Schluderns [BZ] 6 Ca
Soave [VR] 12 Da
Sogliano al Rubicone [FC] 20 Bb
Sogliano Cavour [LE] 34 Db
Solana [CA] 46 Cb
Solara [MO] 12 Db
Solarino [SR] 40 Cb
Solbiate [CO] 10 Da
Solda / Sulden [BZ] 6 Ca
Soleto [LE] 34 Db
Solfagnano [PG] 24 Aa
Solferino [MN] 12 Ca
Soliera [MO] 12 Db
Solofra [AV] 30 Ca
Solopaca [BN] 28 Ab

Somma [TR] 24 Bb
Somma Lombardo [VA] 4 Db
Sommariva del Bosco [CN] 10 Bb
Sommatino [CL] 40 ABa
Somma Vesuviana [NA] 30 Ba
Soncino [CR] 12 Ba
Sondalo [SO] 6 Cb
Sondrio [SO] 6 Bb
Sonico [BS] 12 Ca
Sonnino [LT] 26 Cb
Sonnino Scalo [LT] 26 Cb
Sora [FR] 26 Ca
Soraga [TN] 8 Aa
Soragna [PR] 12 Bb
Sorano [GR] 22 Db
Sorbano [FC] 20 Bb
Soresina [CR] 12 Ba
Sórgono [NU] 46 Ca
Soriano nel Cimino [VT] 24 Ab
Sorisole [BG] 12 Ba
Sorrento [NA] 30 Ba
Sorso [SS] 44 Ba
Sortino [SR] 40 Cab
Sottomarina [VE] 14 Bb
Soverato [CZ] 36 Cb
Sovere [BG] 12 Ba
Soveria Mannelli [CZ] 36 Ba
Soveria Simeri [CZ] 36 Ca
Sovicille [SI] 22 Ca
Spadafora [ME] 38 Ca
Spadola [VV] 36 Bb
Spartá [ME] 38 Ca
Spello [PG] 24 Ba
Sperlonga [LT] 26 Cb
Spezia, La– [SP] 18 Ba
Spezzano Albanese [CS] 32 Cb
Spezzano della Sila [CS] 36 Ba
Spianate [LU] 18 Cb
Spigno Monferrato [AL] 10 Cb
Spilamberto [MO] 18 Ca
Spilimbergo [PN] 8 Cb
Spinazzola [BA] 28 Db
Spinetoli [AP] 24 Ca
Spinetta [AL] 10 Db
Spinone al Lago [BG] 6 Bb
Spinoso [PZ] 32 Ba
Spoleto [PG] 24 Ba
Spondigna / Spondinig [BZ] 6 Ca
Spondinig / Spondigna [BZ] 6 Ca
Spotorno [SV] 16 Ca
Spresiano [TV] 8 Bb
Squillace [CZ] 36 Cb
Squinzano [LE] 34 Db
Stagno [PI] 18 Cb
Staiti [RC] 38 Db
Stanghella [PD] 14 Ab
Stazzema [MS] 18 Cb
Steinhaus / Cadipietra [BZ] 8 Aa
Stern / La Villa [BZ] 8 Aa
Sterzing / Vipiteno [BZ] 8 Aa
Stia [AR] 20 Ab
Stigliano [MT] 32 Ca
Stilo [RC] 36 Cb
Stimigliano [RI] 24 Bb
Stintino [SS] 44 Aa
Stio [SA] 30 Db
Stornarella [FG] 28 Cb

Storo [TN] 6 Cb
Stra [VE] 14 ABa
Strada San Zeno [FC] 20 Ab
Stradella [PV] 12 Ab
Strambino [TO] 10 Ca
Strasatti [TP] 42 Ba
Stresa [VB] 4 Db
Strigno [TN] 8 Ab
Stróngoli [KR] 36 Da
Stroppiana [VC] 10 Da
Subbiano [AR] 20 Ab
Subiaco [ROMA] 26 Ca
Suelli [CA] 46 Ca
Sulden / Solda [BZ] 6 Ca
Sulmona [AQ] 26 Da
Sulpino [FR] 26 Ca
Summonte [AV] 30 Ca
Suni [NU] 44 Bb
Superga [TO] 10 Bb
Supersano [LE] 34 Db
Susa [TO] 10 Aa
Susegana [TV] 8 Bb
Sustinente [MN] 12 Db
Sutri [VT] 24 Ab
Suvereto [LI] 22 Ba
Suzzara [MN] 12 Cb

T

Tabiano Bagni [PR] 12 Bb
Taggia [IM] 16 Ca
Tagliacozzo [AQ] 26 Ca
Táglio di Po [RO] 14 Bb
Tai di Cadore [BL] 8 Ba
Talamone [GR] 22 Cb
Talana [NU] 46 Ca
Talla [AR] 20 Ab
Talmassons [UD] 8 Cb
Tambre [BL] 8 Bb
Taormina [ME] 38 Ca
Tarantasca [CN] 16 Ba
Taranto [TA] 34 Bb
Tarcento [UD] 8 Cb
Tarquínia [VT] 22 Db
Tarvisio [UD] 8 Db
Taufers im Münstertal / Tubre [BZ] 6 Ca
Taurianova [RC] 36 Bb
Taurisano [LE] 34 Db
Tavarnelle Val di Pesa [FI] 18 Db
Taverna [CZ] 36 Ca
Taverne d'Árbia [SI] 22 Ca
Tavernelle [MS] 18 Ba
Tavernelle [SI] 24 Aa
Taviano [LE] 34 Db
Tavoleto [PU] 20 Bb
Tavullia [PU] 20 Bb
Teano [CE] 26 Db
Teggiano [SA] 30 Db
Telese [BN] 28 Ab
Telti [SS] 44 Ca
Témpio Pausánia [SS] 44 Ca
Teolo [PD] 14 Aa
Teor [UD] 8 Cb
Téramo [TE] 24 Cb
Terenzo [PR] 12 Bb
Terlizzi [BA] 34 Aa
Terme di Comano [TN] 6 Db
Terme di Lurisia [CN] 16 Ba
Terme di Súio [LT] 26 Db

Terme di Valdieri [CN] 16 ABa
Terme Luigiane [CS] 36 Ba
Termini Imerese [PA] 42 Da
Termoli [CB] 28 Ba
Termon [TN] 6 Db
Terni [TR] 24 Ab
Terracina [LT] 26 Cb
Terragnolo [TN] 6 Db
Terralba [OR] 46 Ba
Terranova da Síbari [CS] 32 Cb
Terranova di Pollino [PZ] 32 Cb
Terranuova Bracciolini [AR] 20 Ab
Terrasini [PA] 42 Ca
Terricciola [PI] 18 Cb
Tertenìa [NU] 46 Ca
Terzorio [IM] 16 Bb
Tesero [TN] 8 Ab
Testico [SV] 16 Ca
Teti [NU] 46 Ca
Teulada [CA] 46 Bb
Tezze sul Brenta [VI] 14 Aa
Thiene [VI] 14 Aa
Thiesi [SS] 44 Bb
Thuile, La~ [AO] 4 Ab
Tiana [NU] 46 Ca
Tiers / Tires [BZ] 8 Aa
Timau [UD] 8 Ca
Tione di Trento [TN] 6 Cb
Tirano [SO] 6 Cb
Tires / Tiers [BZ] 8 Aa
Tiriolo [CZ] 36 Ca
Tirli [GR] 22 Ba
Tirol / Tirolo [BZ] 6 Da
Tirolo / Tirol [BZ] 6 Da
Tirrenia [PI] 18 BCb
Tirso, Cantoniera del~ [SS] 44 Cb
Tito [PZ] 32 Ba
Tívoli [ROMA] 26 Ba
Tizzano Val Parma [PR] 18 Ba
Toano [RE] 18 Ca
Toblach / Dobbiaco [BZ] 8 Ba
Tocco da Casáuria [PE] 24 CDb
Todi [PG] 24 Aa
Toirano [SV] 16 Ca
Tolentino [MC] 24 Ba
Tolfa [ROMA] 22 Db
Tollo [CH] 24 Db
Tolmezzo [UD] 8 Ca
Tolve [PZ] 32 Ba
Tonara [NU] 46 Ca
Tonezza del Cimone [VI] 6 Db
Tonnara di Scopello [TP] 42 Ba
Tonnare [CA] 46 Ab
Torano Castello [CS] 32 Cb
Torbole [TN] 6 Db
Torchiarolo [BR] 34 Dab
Torella del Sánnio [CB] 28 Aa
Torgiano [PG] 24 Aa
Torgnon [AO] 4 Bb
Torino [TO] 10 Bb
Toritto [BA] 34 Aa
Tornaréccio [CH] 28 Aa
Torniella [GR] 22 Ca
Tornimparte [AQ] 24 Bb
Torpè [NU] 44 Db

Torralba [SS] 44 Bb
Torre Annunziata [NA] 30 Ba
Torre Beretti [PV] 10 Db
Torre Canne, Terme di~ [BR] 34 Ca
Torre del Greco [NA] 30 Ba
Torre del Lago Puccini [LU] 18 Cb
Torre di Bari [NU] 46 Da
Torre di Mosto [VE] 14 Ca
Torre di Rivola [FG] 28 Db
Torre Faro [ME] 38 Ca
Torremaggiore [FG] 28 Ba
Torre Mileto [TA] 28 Ca
Torrenieri [SI] 22 Ca
Torre Orsáia [SA] 30 Db
Torre Pedrera [RN] 20 Ba
Torre Péllice [TO] 10 ABb
Torre Sabina [BR] 34 Ca
Torre Santa Susanna [BR] 34 Cb
Torricella in Sabina [RI] 24 Bb
Torricella Peligna [CH] 28 Aa
Torri del Benaco [VR] 12 Ca
Torríglia [GE] 18 Aa
Torrita di Siena [SI] 22 Da
Tortolì [NU] 46 Da
Tortona [AL] 10 Db
Tortora [CS] 32 Bb
Tortoreto Lido [TE] 24 CDa
Tortorici [ME] 38 Bb
Tor Vaiánica [ROMA] 26 ABa
Torviscosa [UD] 8 CDb
Toscolano–Maderno [BS] 12 Ca
Tossícia [TE] 24 Cb
Tovo San Giacomo [SV] 16 Ca
Trábia [PA] 42 Da
Tradate [VA] 4 Db
Trafoi [BZ] 6 Ca
Tramatza [OR] 46 Ba
Tramonti di Sopra [PN] 8 Cb
Tramuschio [MO] 12 Db
Trana [TO] 10 Bb
Trani [BA] 28 Db
Trápani [TP] 42 Ba
Trarego Viggiona [VB] 4 Db
Trasacco [AQ] 26 Ca
Travagliato [BS] 12 Ba
Traversa, La~ [NU] 44 Cb
Traversella [TO] 10 Ba
Traversétolo [PR] 12 Cb
Trebisacce [CS] 32 Cb
Trecastagni [CT] 38 BCb
Trecate [NO] 10 Da
Trécchina [PZ] 32 Bb
Trecenta [RO] 14 Ab
Tredozio [FC] 20 Aa
Tregnago [VR] 12 Da
Treia [MC] 24 BCa
Tremezzo [CO] 6 Ab
Tremosine [BS] 6 Cb
Trento [TN] 8 Ab
Trepalade [VE] 14 Ba
Trepuzzi [LE] 34 Db
Trescore Balneario [BG] 12 Ba
Tresenda [SO] 6 Bb
Tresigallo [FE] 14 Bb
Tresnurághes [OR] 44 Bb
Trevi [PG] 24 Ba
Treviglio [BG] 12 ABa

Trevignano Romano [ROMA] 24 Ab
Trevi nel Lazio [FR] 26 Ca
Treviso [TV] 14 Ba
Trezzo sull'Adda [MI] 12 Aa
Triana [GR] 22 Ca
Tricarico [MT] 32 Ca
Tricase [LE] 34 Db
Tricerro [VC] 10 Ca
Tricésimo [UD] 8 Cb
Trichiana [BL] 8 Bb
Trieste [TS] 14 Ca
Triggiano [BA] 34 Ba
Trinità d'Agultu e Vignola [SS] 44 Ba
Trinitápoli [FG] 28 Db
Trinkstein / Fonte della Róccia [BZ] 8 Ba
Trino [VC] 10 Ca
Triora [IM] 16 Ba
Triponzo [PG] 24 Ba
Trivento [CB] 28 Aa
Trivero [BI] 10 Ca
Trivigno [PZ] 32 Ba
Tróia [FG] 28 BCb
Troina [EN] 38 Bb
Tromello [PV] 10 Da
Tronzano Vercellese [VC] 10 Ca
Tropea [VV] 38 Da
Tubre / Taufers im Münstertal [BZ] 6 Ca
Tufo [AP] 24 Ba
Tuglie [LE] 34 Db
Tuoro sul Trasimeno [PG] 22 Da
Turi [BA] 34 Ba
Tursi [MT] 32 Ca
Tuscánia [VT] 22 Db

U

Uccea [UD] 8 Cb
Ucría [ME] 38 Bb
Údine [UD] 8 Cb
Ugento [LE] 34 Db
Umbértide [PG] 24 Aa
Umbriático [KR] 36 Ca
Urago d'Oglio [BS] 12 Ba
Úras [OR] 46 Ba
Urbánia [PU] 20 Bb
Urbe [SV] 16 Da
Urbino [PU] 20 BCb
Urbiságlia [MC] 24 Ca
Uri [SS] 44 Ba
Ururi [CB] 28 Ba
Urzulei [NU] 46 Ca
Uscio [GE] 18 Aa
Uséllus [OR] 46 Ba
Úsini [SS] 44 Bb
Usmate–Velate [MI] 12 Aa
Ussassái [NU] 46 Ca
Usséglio [TO] 10 Ba
Ústica [PA] 42 ins.c

V

Vaccolino [FE] 14 Bb
Vachey, La~ [AO] 4 Ab
Vado [BO] 18 Da

Vado Ligure [SV] 16 Ca
Vagli [LU] 18 BCa
Vaglia [FI] 18 Db
Vaglio Basilicata [PZ] 32 Ba
Vaiano [PO] 18 Db
Valbondione [BG] 6 Bb
Valbrembo [BG] 12 Aba
Valdagno [VI] 12 Da
Valdieri [CN] 16 Ba
Valdobbiádene [TV] 8 ABb
Valéggio sul Mincio [VR]
   12 Ca
Valentano [VT] 22 Db
Valenza [AL] 10 Db
Valtábbrica [PG] 24 Aa
Valgrana [CN] 16 Ba
Valgrisenche [AO] 10 Aa
Valguarnera Caropepe [EN]
   40 Ba
Vallarsa [TN] 6 Db
Vallata [AV] 30 Da
Valle Agricola [CE] 28 Ab
Valledolmo [PA] 42 Da
Valledoria [SS] 44 Ba
Vallelunga Pratameno [CL]
   42 Da
Vallemaio [FR] 26 Db
Vallermosa [CA] 46 Bb
Valli del Pasúbio [VI] 12 Da
Vallo della Lucánia [SA]
   30 Db
Vallombrosa [FI] 20 Ab
Valmadonna [AL] 10 Db
Valmontone [ROMA] 26 Ba
Valmozzola [PR] 12 Bb
Valpelline [AO] 4 Bb
Valpiana [GR] 22 Ba
Valprato Soana [TO] 10 Ba
Valsavarenche [AO] 10 Aa
Valsinni [MT] 32 Cab
Valtorta [BG] 6 ABb
Valtournenche [AO] 4 Bb
Valvasone [PN] 8 Cb
Valvestino [BS] 12 Ca
Vandoies / Vinti [BZ]
   8 Aa
Varallo [VC] 4 Cb
Varano de Melegari [PR] 12
   Bb
Varapódio [RC] 36 Bb
Varazze [SV] 16 Da
Varena [TN] 8 Ab
Varenna [LC] 6 Ab
Varese [VA] 4 Ba
Varese Ligure [SP] 18 Aa
Varigotti [SV] 16 Ca
Varsi [PR] 12 Bb
Varzi [PV] 12 Ab
Varzo [VB] 4 Cb
Vasto [CH] 28 Aa
Vazzola [TV] 8 Bb
Vecchiano [PI] 18 Cb
Vedeseta [BG] 6 ABb
Véglie [LE] 34 Cb
Veiano [VT] 22 Db

Velletri [ROMA] 26 Ba
Velo Veronese [VR] 12 Da
Velva [GE] 18 Aa
Venafro [IS] 26 Db
Venaría [TO] 10 Ba
Venezia [VE] 14 Ba
Venosa [PZ] 28 Db
Ventimiglia [IM] 16 Bb
Ventimiglia di Sicilia [PA]
   42 Da
Venturina [LI] 22 Ba
Verbánia [VB] 4 Db
Verbícaro [CS] 32 Bb
Vercelli [VC] 10 CDa
Vergato [BO] 18 Da
Verghereto [FC] 20 Ab
Vermiglio [TN] 6 Cb
Verna, La– [AR] 20 Ab
Vernante [CN] 16 Ba
Vernasca [PC] 12 Bb
Vérnio [PO] 18 Dab
Vérnole [LE] 34 Cb
Verolanuova [BS] 12 Ba
Véroli [FR] 26 Ca
Verona [VR] 12 Da
Vèrres [AO] 10 Ba
Verrone [BI] 10 Ca
Verúcchio [RN] 20 Bb
Verzuolo [CN] 10 Bb
Vespolate [NO] 10 Da
Vestenanova [VR] 12 Da
Vestone [BS] 12 Ca
Vetralla [VT] 22 Db
Vetriolo Terme [TN] 6 Db
Vetto [RE] 18 Ca
Vetulónia [GR] 22 BCa
Vezza d'Óglio [BS] 6 Cb
Vezzano [TN] 6 Db
Viadana [MN] 12 Cb
Vianino [PR] 12 Bb
Viaréggio [LU] 18 Bb
Vibo Marina [VV] 36 Bb
Vibo Valéntia [VV] 36 Bb
Vicari [PA] 42 Da
Vícchio [FI] 18 Db
Vicenza [VI] 14 Aa
Vico del Gargano [FG]
   28 Da
Vico Equense [NA] 30 Ba
Vicoforte [CN] 16 Ba
Vicopisano [PI] 18 Cb
Vicovaro [ROMA] 26 Ba
Vidiciático [BO] 18 CDa
Vieste [FG] 28 Da
Vietri di Potenza [PZ] 30 Da
Vietri sul Mare [SA] 30 Ca
Vigarano Mainarda [FE]
   14 Ab
Vigévano [PV] 10 Da
Viggianello [VT] 24 Ab
Vignola [MO] 18 Da
Vigo di Cadore [BL] 8 Ba
Vigo di Fassa [TN] 8 Aa
Vigone [TO] 10 Bb
Vigonza [PD] 14 Aa

Vigo Rendena [TN] 6 Cb
Villa, La– / Stern [BZ] 8 Aa
Villabassa / Niederdorf [BZ]
   8 Ba
Villabate [PA] 42 Ca
Villa Castelli [BR] 34 Ca
Villacidro [CA] 46 Bb
Villa d'Almé [BG] 6 Bb
Villa di Chiavenna [SO]
   6 Aab
Villadoro [EN] 38 Ab
Villadóssola [VB] 4 Cb
Villa Estense [PD] 14 Ab
Villafranca di Verona [VR]
   12 Da
Villafranca in Lunigiana [MS]
   18 Ba
Villafranca Piemonte [TO]
   10 Bb
Villággio Mancuso [CZ]
   36 Ca
Villagrande Strisaili [NU]
   46 Ca
Villalba [CL] 42 Da
Villa Literno [CE] 30 Ba
Villamar [CA] 46 Ba
Villamassárgia [CA] 46 Bb
Villa Minozzo [RE] 18 Ca
Villanova [BR] 34 Ca
Villanova d'Asti [AT] 10 Cb
Villanova Mondoví [CN]
   16 Ba
Villanova Monteleone [SS]
   44 Bb
Villa Opicina [TS] 14 Da
Villaperuccio [CA] 46 Bb
Villapiana Lido [CS] 32 Cb
Villapiana Scalo [CS] 32 Cb
Villapriolo [EN] 38 Ab
Villaputzu [CA] 46 Cb
Villarosa [EN] 40 Ba
Villasalto [CA] 46 Cb
Villa San Giovanni [RC]
   38 Ca
Villa Santa Maria [CH] 28 Aa
Villa Santina [UD] 8 Ba
Villasimius [CA] 46 Cb
Villasmundo [SR] 40 Ca
Villasor [CA] 46 Bb
Villa Talla [IM] 16 Cb
Villaurbana [OR] 46 Ba
Villavallelonga [AQ] 26 Ca
Villa Vomano [TE] 24 Cb
Ville, le– [AR] 20 Bb
Villeneuve [AO] 4 Bb
Ville San Pietro [IM] 16 Ca
Villetta Barrea [AQ] 26 Da
Villnöss / Funes [BZ] 8 Aa
Villotta [PN] 8 Cb
Vilpian / Vilpiano [BZ] 6 Da
Vilpiano / Vilpian [BZ] 6 Da
Vimercate [MI] 12 Aa
Vinchiaturo [CB] 28 Ab
Vinci [FI] 18 Db
Vintl / Vandoies [BZ] 8 Aa

Vipiteno / Sterzing [BZ]
   8 Aa
Virgílio [MN] 12 Cb
Visaille, La– [AO] 4 Ab
Viserba [RN] 20 Ba
Visso [MC] 24 Ba
Vistrorio [TO] 10 BCa
Vita [TP] 42 Ba
Viterbo [VT] 22 Db
Vittória [RG] 40 Bb
Vittório Véneto [TV] 8 Bb
Viù [TO] 10 Ba
Vivaro [PN] 8 Cb
Viverone [BI] 10 Ca
Vizzini [CT] 40 Cab
Vobarno [BS] 12 Ca
Voghera [PV] 12 Ab
Voghiera [FE] 14 Ab
Vogogna [VB] 4 Cb
Volano [FE] 14 Bb
Voltággio [AL] 10 Db
Volta Mantovana [MN]
   12 Ca
Volterra [PI] 18 Cb
Voltri [GE] 16 Da
Voltúrara Áppula [FG]
   28 Bb

W

Waidbruck / Ponte Gardena
   [BZ] 8 Aa
Weissenbach / Riobianco
   [BZ] 8 Aa
Weisslahnbad / Bagni di
   Lavina Bianca [BZ] 8 Aa
Welsberg / Monguelfo [BZ]
   8 Ba
Welschnofen / Nova Levante
   [BZ] 8 Aa
Winnebach / Prato alla Drava
   [BZ] 8 Ba
Wolkenstein in Gröden /
   Selva di Val Gardena [BZ]
   8 Aa

Z

Zafferana Etnéa [CT] 38 Cd
Zagarise [CZ] 36 Ca
Zagarolo [ROMA] 26 Ba
Zanica [BG] 12 Ba
Zavattarello [PV] 12 Ab
Zenna [VA] 4 Db
Zévio [VR] 12 Da
Zinga [KR] 36 Ca
Zocca [MO] 18 Da
Zogno [BG] 6 Bb
Zoldo Alto [BL] 8 Ba
Zollino [LE] 34 Db
Zoppè [BL] 8 Bab

GEOnext - ISTITUTO GEOGRAFICO DE AGOSTINI

Direttore responsabile: Roberto Borsa
Direttore generale: Sergio Tusa
Direttore editoriale: Ada Mascheroni
Direttore scientifico: Giovanni Baselli
Direttore tecnico: Federico Lancia
Direttore di produzione: Stefano Giuliani

Catalogo 202753   ISBN 88-511-0211-2

© GEOnext - ISTITUTO GEOGRAFICO DE AGOSTINI S.p.A., Novara – 2002

Stampa: Officine Grafiche De Agostini, Novara – 2002
Legatura: Legatoria del Verbano